Dagmar Reichel

MAMA BABY KOCH BUCH

REZEPTE FÜR SCHWANGERSCHAFT, STILLZEIT UND BABYS ERSTEN BREI

Foodfotografie von Stefanie Hiekmann

EMF
EIN BUCH DER
EDITION MICHAEL FISCHER

INHALTSVERZEICHNIS

BIG

VORWORT

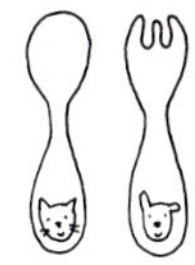

Mama und Baby – von Anfang an unzertrennlich, denn in Ihrem Bauch wächst etwas ganz Bezauberndes heran. Ihr Baby! Es mag am liebsten in einem mütterlichen, wärmenden und entspannten, nicht in einem gestressten Bauch wohnen. Und es mag mit allem versorgt werden, was Sie und Ihr Körper an Positivem bieten können. Achten Sie von Anfang an auf sich, Ihre Körpersignale und Ihr Bauchgefühl. Es sagt Ihnen, was richtig und was falsch ist – während der Schwangerschaft, während der Stillzeit und auch danach: während der Zeit mit Ihrem Baby. Vertrauen Sie auf Ihr Wissen, Ihre Intuition und glauben Sie an Ihre Stärken.
Sie haben wahrscheinlich genauso wenig Zeit wie alle. Neben den unzähligen alltäglichen Dingen, die uns Menschen heute so auf Trab halten. Schnell noch dies erledigen und mal eben noch das ... Eir alle kennen diesen Lauf im Hamsterrad nur zu gut. Aber die Zeit der Schwangerschaft, Geburt und Stillzeit ist eine ganz besondere. Sie ist das Wunderbarste, was uns die Natur gegeben hat. Genießen Sie das tolle Gefühl im Bauch – auch wenn es zwischendurch mal zwickt oder drückt. In diesem Buch finden Sie eine Reihe von Infos und Hilfestellungen zu den wichtigsten Fragen und für die häufigsten Wehwehchen. Legen Sie trotz der alltäglichen Hektik in dieser besonderen Phase immer wieder Pausen ein, halten Sie inne und schätzen Sie zwischendurch den Moment.
Genuss für dich und mich – für die Rundumversorgung von Anfang an gibt es in diesem Buch eine große Auswahl an alltagstauglichen und pfiffigen Rezepten. Für jede Phase das Richtige, denn Schwangerschaft und Stillzeit fordern eine Menge von Ihrem Körper. Sie können ihn mit der richtigen Ernährung unterstützen. Sie können Ihrem Körper die nötige Energie und wichtigen Vitalstoffe bieten, die er braucht, um aus einem kleinen Zellbündel einen gesunden kleinen Menschen zu zaubern. Und wenn dieses Menschlein das Licht der Welt erblickt hat, liegt es weiterhin an Ihnen, es von A bis Z zu versorgen, es zu verwöhnen und es gedeihen zu lassen. Natürlich lässt sich das beispielsweise auch mit fertigen Gläschen aus dem Supermarkt erledigen. Aber mal 10können Sie entscheiden, was hineingemixt wird, und müssen sich nicht auf die Deklarationen auf der Verpackung verlassen. Eine durchaus verlockende Alternative, oder? Klar, es gibt fraglos Situationen, in denen der Fertigbrei Sinn macht und legitim ist, aber für die Dauerernährung Ihres Babys brauchen Sie Gläschen und Co. sicher nicht. Genießen Sie es, frische, gesunde und abwechslungsreiche Lebensmittel einzukaufen, selbst auszuwählen, was lecker aussieht, was auch Ihnen Spaß macht und was Sie ab sofort in Ihr „neues“ Leben regelmäßig mit einbauen können – sofern Sie nicht schon vorher ein Genussmensch waren. Es braucht keinen Riesenaufwand oder gar komplizierte Zutaten um die Mama-Rezepte in Schwangerschaft und Stillzeit und unsere kombinierten Mama-Baby-Rezepte in der Breizeit zu kochen. Das Schlaue daran ist: parallel kochen und gemeinsam genießen!
Über den Einkauf, die Auswahl der Rezepte und die Zubereitungsmethoden können Sie auf jeden Fall eine Menge steuern. Auch, wenn es eins der wenigen Dinge ist, die Sie wirklich steuern können. Aber haben Sie Vertrauen, die Natur hat ja schon bestens vorgesorgt und mitgedacht. Dieses Buch soll Sie vom Beginn eines heranwachsenden Menschenlebens bis hin zu ganz viel Lebensqualität für sich und Ihre kleine neue Familie begleiten. Es soll Ihnen helfen, sich und Ihr Baby genießen zu können, von Anfang an!

Ich wünsche Ihnen viel Geduld und Nervenstärke, aber allem voran unzählige wundervolle und zauberhafte Momente!

Dagmar Reichel

BABYZEIT IM ÜBERBLICK

Die Ernährung für Sie, das Ungeborene und später auch Ihr Baby wird Sie von nun an ständig begleiten. Lassen Sie sich ein paar Hilfestellungen an die Hand geben, und Sie wuppen das mit links!

ORGANISATION IST ALLES

IHR REISEPLAN FÜR EINE SPANNENDE ZEIT

DIE AUFREGENDE ZEIT BEGINNT MIT DEM ERSTEN BLICK AUF DEN POSITIVEN SCHWANGERSCHAFTSTEST. TAUSENDE VON FRAGEN SCHWIRREN SOFORT IN IHREM KOPF HERUM. WELCHE VERÄNDERUNGEN KOMMEN AUF SIE ZU?

Was darf ich essen, und was werde ich dann später meinem Kind zu essen geben können oder dürfen …?
Es dreht sich in der kommenden Zeit einfach vieles ums Wohlbefinden, um die „richtige" Ernährung und um eine ausreichende Nährstoffversorgung, um dem Kind (und natürlich sich selbst) das Bestmögliche bieten zu können. Aber entspannen Sie sich zunächst einmal. Es gibt zwar ein paar Dinge zu beachten, die Ihre Gesundheit und die Ihres (ungeborenen) Kindes positiv beeinflussen oder negative Entwicklungen abwenden können. Aber es ist keine Hexerei. Und mit ein bisschen Grundwissen und Organisation werden Sie schnell Bescheid wissen und die richtige Mischung für sich und Ihr Kleines hinbekommen. Essen und Ernährung sind nämlich eine sehr individuelle und persönliche Angelegenheit. Und jede Schwangere bzw. Mutter muss selbst entscheiden, was sie sich (und dem Kind) geben möchte. Wenn Sie bereits vor der Schwangerschaft sehr bewusst auf Ihre Ernährung geachtet haben, werden Sie das vermutlich noch intensivieren oder eben wie bisher mit diesem Thema umgehen. Wenn Sie vor der Schwangerschaft jedoch nur geringes Interesse an bewusster und gesunder Ernährung hatten, werden Sie in der kommenden Zeit wahrscheinlich auch nicht extrem tief einsteigen, sondern lediglich lernen, einzelne Kleinigkeiten zu beachten.
Lassen Sie sich ein paar Tricks und Kniffe an die Hand geben, und Sie werden sehen, dass es ganz einfach ist, durch das vermeintliche Labyrinth der Ernährung in Schwangerschaft, Still- und Breizeit hindurchzufinden.

DREI ETAPPEN

SCHWANGERSCHAFT, STILL- UND BREIZEIT

VOR DEN JEWEILIGEN KAPITELN FINDEN SIE DETAILLIERTE EINFÜHRUNGEN ZUR ERNÄHRUNG WÄHREND DER SCHWANGERSCHAFT UND IM ERSTEN JAHR MIT IHREM BABY. FÜR DEN ANFANG HELFEN IHNEN DIESE ECKPUNKTE.

SCHWANGERSCHAFT

Essen Sie bewusster als zuvor und achten Sie, zumindest ein wenig, auf die Qualität. Ausgewogen und abwechslungsreich sollte Ihre Ernährung sein, mit regelmäßigen Mahlzeiten, die bestenfalls aus viel Gemüse, Obst, Vollkornprodukten, Milch und Milchprodukten, fettarmem Fleisch und, möglichst fettreichen, Meeresfischen bestehen sollten.

Siehe auch Seiten 16 und 22–38.

STILLZEIT

Essen Sie jetzt wie in der Schwangerschaft, nur etwas mehr und noch besser! Auch hier gilt wieder: ausgewogene, abwechslungsreiche, vollwertige, bewusste und regelmäßige Mahlzeiten – das garantiert die beste Rundumversorgung mit allem, was jetzt wichtig für Baby und Sie ist.

Siehe auch Seiten 60–71.

BREIZEIT

Kochen Sie für sich und Ihr Kind zusammen, das spart Zeit, Energie und Kosten. Eine schrittweise Einführung der Beikost ist von Vorteil. Bieten Sie Ihrem Kind Abwechslung durch Variation bei der Auswahl der Zutaten. Und auch für diese Zutaten bzw. Lebensmittel sollten Sie nur beste Qualität und eine bewusste Auswahl treffen.

Siehe auch Seiten 92–107.

STRUKTUR CONTRA CHAOS

DAMIT ES NICHT DRUNTER UND DRÜBER GEHT

SIE WERDEN SEHEN, FAMILIENALLTAG IST NICHT IMMER PLANBAR. AUCH WENN SIE NOCH SO STRUKTURIERT DENKEN UND HANDELN, ES WIRD IMMER TAGE GEBEN, DIE GANZ ANDERS LAUFEN ALS MORGENS GEDACHT.

Damit Sie nicht im Chaos enden, bekommen Sie die folgenden Anregungen als kleine Hilfestellung.

GRUNDVORRAT ANLEGEN

Haben Sie immer eine Notreserve parat. Sie sehen auf den Seiten 16–19 eine Übersicht an Vorräten, die es lohnt, im Haus zu haben, da Sie daraus ganz schnell einige leckere, schnelle Gerichte zaubern können. Ganz wichtig für ein unkompliziertes Familienleben, denn so muss keiner „verhungern". Füllen Sie diesen Grundvorrat auch regelmäßig wieder auf. Auf diese Weise vermeiden Sie Stress im Alltag.

KOCHEN SIE MEHR – FÜR DEN VORRAT

In den meisten Haushalten steht heutzutage eine Kühltruhe bzw. ein Gefrierschrank. Und auch in jeder Familie gibt es Tage, da läuft einiges aus dem Ruder. Unvorhergesehene Termine, quengelnde Kinder, Erkrankungen, die alles lahmlegen ... Mit ein wenig Voraussicht haben Sie aber auch in solchen Situationen „Notfallportionen" parat. Dazu müssen Sie nicht extra groß planen. Verdoppeln Sie beim normalen Kochen das ein oder andere Mal einfach die Rezeptmenge oder bereiten Sie in größeren Mengen Gerichte zu und frieren Sie die übrigen Portionen ein.

SONNTAGS DEN WOCHENPLAN ERSTELLEN

Auch wenn Sie dazu am Ende des Wochenendes nicht immer die nötige Muße haben, erstellen Sie trotzdem einen Wochenplan. Es lohnt sich. Es erleichtert nicht nur Ihre Zeitplanung, sondern Sie können so auch ganz leicht mehrere Einkäufe zusammenlegen und müssen nicht täglich frisch einkaufen.

Zudem lassen sich zeitaufwendigere Gerichte an solchen Tagen zu- bzw. vorbereiten, an denen mehr Zeit zur Verfügung steht. Vielleicht können Sie es sich ja auch schon so einteilen, dass Sie sonntags für die Woche vorkochen bzw. vorbereiten. Dann allerdings müssen Sie den Wochenplan schon am Freitagabend bzw. am Samstag erstellen, damit Sie noch rechtzeitig die Zutaten besorgen können.

REZEPTPOOL

Wir haben uns in der Familie angewöhnt, eine Liste mit Lieblingsrezepten anzulegen, die allen schmecken. Jedes Mal, wenn sich ein neues Gericht bewährt, wird es zur Liste hinzugefügt. Und wenn wir mal gar nicht wissen, was wir kochen bzw. essen wollen, dann nehmen wir diese Liste zur Hand und suchen uns aus diesem Pool etwas aus.

KOCHEN SIE FÜR SICH UND IHR BABY

Sie können viel Zeit, Energie und Kosten sparen, wenn Sie gezielt planen. Die Lebensmittel, die Sie für Ihr Kind auswählen, können Grundlage für Ihre eigene Mahlzeit sein. Mit ein paar zusätzlichen Zutaten und Gewürzen können Sie so ein leckeres Gericht für sich (und Ihren Partner) zaubern.

KAUFEN SIE SAISONAL UND REGIONAL

Wenn Sie diese Grundsätze beherzigen, können Sie Geld sparen, Gutes für Umwelt und Natur tun und gleichzeitig etwas für die Gesundheit Ihrer Familie leisten. Denn saisonales Gemüse und Obst ist meist günstiger und in besserer Qualität verfügbar. Und regional Angebautes vermeidet lange Transportwege und schont so unsere Umwelt.

◂ Saisonal, regional und vorausschauend einkaufen

KÜCHENMATERIAL
WAS BRAUCHT MAMA?

EGAL, OB SIE VOR DER SCHWANGERSCHAFT NUR WENIG KÜCHENERFAHRUNG HATTEN ODER EIN KÜCHENPROFI WAREN. NEBEN DEN VERMUTLICH IN JEDER KÜCHE VORHANDENEN UTENSILIEN IST FOLGENDES HILFREICH.

Brettchen, scharfe Messer, Sparschäler, ein paar gute Töpfe in unterschiedlichen Größen, Alu- und Frischhaltefolie, Gefrierbeutel und Sieb haben Sie sicher ohnehin im Haus. Welche Helferlein Ihren Kochalltag mit Baby noch erleichtern können, lesen Sie hier.

DAMPFKOCHTOPF/SCHNELLKOCHTOPF

Die Zubereitung in dieser Art von Kochtopf ist zeitsparend, fettarm und nährstoffschonend und somit bestens für Babykost geeignet. Wenn Sie keinen Schnell- oder Dampfkochtopf besitzen, müssen Sie sich allerdings nicht zwingend einen solchen anschaffen. Die Kosten sind relativ hoch und würden sich nur lohnen, wenn Sie ihn auch nach der Babybreiphase intensiv nutzen.

UNIVERSAL-DÜNSTEINSATZ

Günstiger und eine ebenso gesundheitsbewusste Alternative zum Schnellkochtopf ist ein Universal-Dämpf- oder Dünsteinsatz, den es in unterschiedlichen Ausführungen (z. B. Silikon oder Edelstahl) in guten Haushaltswarenläden oder im Internet zu kaufen gibt. Auch hiermit können Sie Gemüse und Fleisch schonend für Ihr Baby zubereiten.

STABMIXER ODER STANDMIXER

Um das gekochte Gemüse, Obst, Fleisch und Fisch ausreichend fein zerkleinern bzw. pürieren zu können, empfiehlt es sich, über die Anschaffung eines Mixers nachzudenken. Ohne ihn werden Sie nur schwerlich einen so feinen Gemüsebrei zubereiten können, wie er für die ersten Essversuche Ihres Babys gebraucht wird. Wenn Sie sich für einen Stabmixer entscheiden, eignet sich am besten ein Modell aus hitzebeständigem Metall mit hoher Drehzahlleistung – das ist hygienisch, leicht zu reinigen und erleichtert die Arbeit enorm. Ein Standmixer hat den Vorteil, dass Sie in kürzerer Zeit eine größere Menge pürieren können und er meist weitere Einsatzbereiche im Vergleich zum Stabmixer hat.

KARTOFFELSTAMPFER/-PRESSE

Wer häufig Kartoffelbrei zubereitet, hat sicher einen Kartoffelstampfer in der Küche. Es empfiehlt sich, Kartoffelpüree in größeren Mengen nicht mit einem Mixer zuzubereiten, da es sonst zäh und klebrig wird. Für das Zerkleinern für Brei mit stückigerer Konsistenz für ältere Kinder können Sie auch dieses Gerät anstelle eines Mixers verwenden.

UNIVERSALGERÄT BABYBREI (DAMPFGARER UND MIXER IN EINEM)

Es gibt elektrische Geräte von verschiedenen Herstellern, die explizit zur Herstellung von Babynahrung angeboten werden. Sie sind einerseits sehr praktisch, da sie Dampfgarer und Mixer in einem Gerät vereinen. Ob die nicht ganz preisgünstige Anschaffung andererseits lohnt, muss jede Familie für sich selbst entscheiden.

MIKROWELLE

Die Verwendung einer Mikrowelle ist umstritten. Allerdings konnten sämtliche Studien bei einem normalen Gebrauch keine Veränderungen der Speisen feststellen. Sofern die Garzeiten eingehalten werden (nicht heißer oder länger erhitzen als nötig) und das Gargut immer wieder gut durchmischt wird, können Sie die Mikrowelle bedenkenlos einsetzen.

Vor allem zum erneuten Aufwärmen von Resten oder Tiefgefrorenem eignet sie sich bestens. Sie ist eine nährstoffschonende und energiesparende Methode, um Gerichte aufzutauen bzw. aufzuwärmen.
Wenn Sie die Portionen gleich in mikrowellengeeigneten Behältern einfrieren, sparen Sie sich eine Menge Arbeit und Zeit. Achten Sie aber vor allem darauf (durch sorgfältiges Umrühren und Probieren), dass Ihr Baby sich an in der Mikrowelle erwärmten Gerichten nicht verbrennt, da die Hitzeverteilung in den Speisen ungleichmäßig sein könnte. Allerdings sollten Sie besonderes Augenmerk darauf legen, dass die Speisen gleichmäßig erhitzt werden, damit eventuell enthaltene Keime, wie Salmonellen, durchgängig abgetötet werden. Dies kann nur bei einer gleichmäßigen und längeren Durcherhitzung von mindestens 70 °C der Fall sein. Also lieber ein wenig heißer werden lassen, gut umrühren und dann abkühlen lassen, bevor das Baby davon isst.

WAAGE

Besonders am Anfang der Breizeit ist eine Waage unerlässlich, da Sie nun viele kleine Mengen abwiegen müssen. Praktisch ist die Zuwiegefunktion bei Waagen – so können Sie mehrere Zutaten hintereinander zugeben und wiegen – in nur einem Behälter und ohne mehrmaliges Leeren.

Bananen werden im Standmixer zu feinem Brei oder leckeren Smoothies.

ZUBEREITUNGS- UND GARMETHODEN

WIE SIE WERTVOLLE NÄHRSTOFFE ERHALTEN

GUTE UND GESUNDE LEBENSMITTEL WOLLEN NICHT TOTGEKOCHT WERDEN. VERWENDEN SIE SCHONENDE ZUBEREITUNGSARTEN, UND SIE UND IHR BABY BEKOMMEN ALL DAS GUTE, DAS IN DER NAHRUNG STECKT.

Wenn Sie sich schon viele Gedanken über die Ernährung Ihrer Familie machen, ist es auch sinnvoll, über geeignete Zubereitungsarten nachzudenken. Ein hoher Gemüse- und Obstverzehr ist zwar wünschenswert, wenn aber bei der Zubereitung wieder sämtliche Nährstoffe verloren gehen, dann macht selbst der gesündeste Einkauf wenig Sinn. Durch die gezielte Auswahl schonender Zubereitungsarten bleiben die wertvollen Inhaltsstoffe weitgehend erhalten. Wenn Sie in Ihrer Küche eine bunte Mischung aus Dämpfen, Dünsten, Kochen, Backen und Rohkost wählen, bekommt der Körper die verschiedensten Nährstoffe präsentiert.

VOR DEM ZERKLEINERN WASCHEN

Waschen Sie Lebensmittel vor dem Zerkleinern immer gründlich, aber so kurz wie möglich. Am besten geschieht das kurz vor der Zubereitung, denn so können sich kaum Nährstoffe durch das Wasser herauslösen.

IN WENIG WASSER KOCHEN

Zum Kochen sollten Sie so wenig Wasser wie möglich verwenden, denn auch beim Garen werden Nährstoffe ausgespült und schlechtestenfalls mit dem Kochwasser weggeschüttet. Verwenden Sie das Kochwasser also lieber weiter, darin sind wertvolle Inhaltsstoffe enthalten. Beim Kochen gehen die meisten Inhaltsstoffe verloren, da das Garen in viel Flüssigkeit geschieht und die Nährstoffe ins Kochwasser übergehen. Bei manchen Lebensmitteln ist aber kaum eine andere Garmethode möglich, wie z. B. bei Nudeln, Hülsenfrüchten oder Pellkartoffeln. Versuchen Sie, dabei so wenig Wasser wie möglich zu verwenden, sodass beispielsweise die Kartoffeln nicht komplett unter Wasser sind. Sie garen bei geschlossenem Deckel auch im zusätzlichen Dampf.
Bei Reis und anderen Getreidesorten sollten Sie statt der Kochmethode die Quellmethode wählen. Dabei wird je nach Getreidesorte die doppelte bis dreifache Menge Wasser zugegeben, die Lebensmittel werden angekocht und anschließend im geschlossenen Topf mit der verbleibenden Hitze ausgequollen. Somit wird keine Kochflüssigkeit weggeschüttet, wodurch die Nährstoffe verloren gehen könnten. Achten Sie hierbei auf die Packungsangaben der jeweiligen Produkte.

NICHT ZU LANGE UND NICHT ZU HEISS

Achten Sie beim Garen auf schwache Hitze und kurze Garzeiten. Starke Temperaturen sollten nur zum Anbraten bzw. Angaren verwendet werden, denn auf diese Weise bleiben die wichtigen Inhaltsstoffe, Vitamine, Eiweiße und Fette, erhalten.

DÜNSTEN

Dünsten bedeutet Garen im eigenen Saft und ist eine der schonendsten Zubereitungsarten, da sehr geringe Vital- bzw. Nährstoffverluste auftreten und fettarm gegart wird. Zum Dünsten werden die Lebensmittel – egal ob Gemüse, Obst, zartes Fleisch, Fisch oder Eintopfgerichte – in wenig Fett ohne Bräunung angebraten und dann mit etwas Flüssigkeit oder im eigenen austretenden Saft bis zur gewünschten Bissfestigkeit bzw. Konsistenz gegart.

DÄMPFEN

Dämpfen bezeichnet die Garmethode, bei der die Lebensmittel in einem Siebeinsatz, getrennt von der Flüssigkeit, durch den vorbeiströmenden Dampf gegart werden. Es handelt sich um eine schonende Zubereitungsart mit geringen Nährstoffverlusten, bei der die Speisen und Lebensmittel vor allem mit ihrem Eigengeschmack punkten, weil sie meist wenig gewürzt werden. Dämpfen eignet sich für Gemüse, Kartoffeln, Obst und Fisch.

VORSICHT!

Vor allem bei Babynahrung ist es extrem wichtig, dass auf eine angemessene Aufwärmzeit, regelmäßiges Umrühren und vorheriges Probieren geachtet wird. In der Mikrowelle können sogenannte Hot Spots entstehen, also eine ungleiche Hitzeverteilung, an denen das Lebensmittel an unterschiedlichen Stellen, mal heiß, mal kalt, mal lauwarm ist. Babys können sich dabei verletzen, wenn Sie nicht vorher umrühren und testen.

AUFWÄRMEN

Vermeiden Sie es möglichst, zubereitete Speisen aufzubewahren und wieder aufzuwärmen. Besser ist es, bei den meisten Gerichten nur so viel zuzubereiten, wie die Familie auch mit einer Mahlzeit aufessen kann. Reste sollten eingefroren oder für den kommenden Tag gut gekühlt aufgehoben werden. Falls doch nötig, eignet sich zum Auftauen und auch zum Aufwärmen die Mikrowelle – sofern geeignete, nicht zu lange Garzeiten beachtet werden.

DER GESUNDE VORRATSSCHRANK

WAS MAMA GUT TUT UND VERFÜGBAR SEIN SOLLTE

Achten Sie darauf, dass Ihre Ernährung in Schwangerschaft und Stillzeit ausgewogen ist. Sie sollten beispielsweise Fisch nur zweimal pro Woche verzehren, ebenso sollten Sie ihren Konsum von Eiern, Fleisch und Wurstwaren sowie Milch bzw. Milchprodukten im Blick haben.

Diese gesunden und vollwertigen Lebensmittel machen sich gut in Ihrem Kühl- bzw. Vorratsschrank! Natürlich brauchen Sie nicht alles gleichzeitig vorrätig haben. Wählen Sie einfach munter aus! Die Lebensmittel finden Sie auch als Zutaten in den Rezepten.

TROCKENPRODUKTE

Weizen- und Dinkelmehl (Vollkorn, Type 1050 bzw. 550)
Dinkel(vollkorn)grieß
(Vollkorn)Reis
Rundkornreis
Couscous
Polenta
Graupen
Quinoa
Pasta/Nudeln in verschiedenen Formen
Hafer- und andere Getreideflocken
Müslizutaten nach Geschmack (siehe rechts)
Rohrohrzucker
Nüsse und Kerne (siehe rechts)
Trockenfrüchte (siehe rechts)
Hülsenfrüchte (z. B. Linsen, Kichererbsen)
Instant-Brühpulver bzw. -würfel

TIEFKÜHLPRODUKTE

Beeren
Fischfilets
Erbsen
Bohnen
Blattspinat
Kräuter

KÜHL- UND MILCHPRODUKTE

Milch
Molke
Dickmilch
Buttermilch
Naturjoghurt
Quark
Frischkäse
Sauerrahm
Getreide-, Soja- und Nussmilchsorten
gereifter Parmesan
pasteurisierter Käse
Tofu
Eier
Fleisch und Wurstwaren
Fisch

OBST UND GEMÜSE

Kaufen Sie in kleinen Mengen nach Geschmack und Saison. (siehe rechts)

GETRÄNKE

Mineralwasser
verschiedene Säfte nach Geschmack (am besten Direktsäfte)
Malzkaffee
Kräutertees
Früchtetees

FETTE, GEWÜRZE, KRÄUTER UND SPEZIELLES

Öle (siehe rechts)
Butter oder Margarine
Mandelmus
Gewürze (siehe rechts)
Kräuter (siehe rechts)
Honig
Ahornsirup
Agavendicksaft
Marmelade bzw. Aufstriche mit hohem Fruchtanteil
Hefe (frisch oder Trockenprodukt)
Dosentomaten
Apfelmus
Essig

VORSICHT!

Meiden Sie während Ihrer Schwangerschaft jeglichen Käse aus Rohmilch. Nach der Geburt können Sie diese aber wieder auf Ihren Einkaufszettel setzen.

ANREGUNGEN FÜR IHRE LEBENSMITTELAUSWAHL

MÜSLI-ZUTATEN

Weizenkeime
Leinsamen
Erdmandelflocken
Kokosflocken
Getreide-Pops

TROCKENFRÜCHTE

Datteln
Aprikosen
Feigen
Rosinen (ungeschwefelt)

NÜSSE UND KERNE

Mandeln
Cashewkerne
Walnusskerne
Sesamsamen
Kürbiskerne
Pinienkerne
Haselnüsse

OBST UND GEMÜSE

Zwiebeln
Kartoffeln
Karotten
Kürbis
Rote Bete
Knollensellerie
Stangensellerie
Avocado
Salate
Tomaten
Brokkoli
Blumenkohl
Kohlrabi
Fenchel
Spinat
Mangold
Zucchini
Paprikaschoten
Auberginen
Pilze
Äpfel
Birnen
Bananen
Zitrusfrüchte
Beeren
Melone
Aprikosen
Pfirsiche
Pflaumen
Mango
Ananas

GEWÜRZE

Zimt
Vanille
Fenchelsamen
Kreuzkümmel
Paprikapulver
Kümmel
Currypulver
Salz
Pfeffer aus der Mühle
Senf
Ingwer (frisch)

ÖLE

Rapsöl
Leinöl
Olivenöl
Kürbiskernöl

KRÄUTER

Basilikum
Petersilie
Kresse
Koriander
Rosmarin
Thymian

DER GESUNDE VORRATSSCHRANK

WAS DEM BABY GUT TUT UND VERFÜGBAR SEIN SOLLTE

Treffen Sie für die Vorräte mit Baby eine Auswahl, die Ihrem Kind entspricht, die es verträgt und die zur Jahreszeit passt. Weitere Informationen zu Beikost und Breizeit finden Sie ab Seite 93.

VON ANFANG AN (5./6. MONAT):

GEMÜSE

Karotten
Kürbis
Pastinake
Kohlrabi
Süßkartoffel
Gurke
Fenchel
Zucchini
Tomaten (in gekochter Form)
Blumenkohl
Brokkoli
zarte Erbsen (in zerdrückter Form, sonst Gefahr des Verschluckens)
Rote Bete
Spargel
Spinat
Mangold
Kartoffeln

SONSTIGES

Orangen- und Apfelsaft (am besten als Direktsaft) für den Brei

OBST

Apfel
Banane
Mango
Melone
Birne
Pfirsich
Aprikose
Nektarine
Beeren
je nach Verträglichkeit: Zitrusfrüchte, Kiwi

GETREIDE UND GETREIDEPRODUKTE

Vollkorn-Getreideflocken (ohne Zusätze)
Mais- und Dinkelgrieß
Zwieback
Reis
Nudeln
Hirse (am besten spezielle Flocken für Säuglingsnahrung, Instant-Flocken)
Bulgur
Couscous

MAGERES FLEISCH

Schwein
Geflügel
Rind
Lamm

FISCH

Kabeljau
Lachs
Seelachs
Seezunge
Makrele

EIER UND MILCH

Eier
Kuh(voll)milch für den Milchbrei bzw. Pre-Milch

FETTE

Butter
Rapsöl

AB DEM 1. GEBURTSTAG:

HONIG

Wegen der gefährlichen Botulismus-Bakterien, deren giftige Stoffwechselprodukte Säuglinge nicht abbauen können, erst jetzt Honig.

NÜSSE, KLEINES OBST

Wegen der Gefahr des Verschluckens sind Nüsse und kleines Obst wie beispielsweise Johannisbeeren oder Trauben erst ab dem 1. Geburtstag für Babys erlaubt.

◀ Milde Obstsorten können je nach Alter geknabbert oder püriert als Brei vernascht werden.

SCHNELLE SNACKS FÜR DICH UND MICH

POWERKUGELN

FÜR MAMA UND BABY

FÜR CA. 20 KUGELN
ZUBEREITUNG: 20 MINUTEN KÜHLZEIT: ETWA 30 MINUTEN

ZUTATEN

100 g Bananenchips
100 g getrocknete Sauerkirschen oder Cranberrys
50 g Cashewkerne
2 EL Weizenkeime
3 EL Cashewmus

SO WIRD'S GEMACHT

1 Nacheinander Bananen, Sauerkirschen und Cashewkerne im Universalzerkleinerer hacken.

2 Anschließend mit Weizenkeimen und Cashewmus gut vermischen, am besten mit den Händen. Die Masse ca. 30 Minuten im Kühlschrank kühlen und zu walnussgroßen Kugeln formen.

HALTBARKEIT

In einer Keksdose kühl gelagert, halten sich die Powerkugeln ca. 2 Wochen.

KERNE-KNABBERMIX

MAL SÜSS, MAL HERZHAFT FÜR MAMA

FÜR JE CA. 8–10 PORTIONEN
ZUBEREITUNG: JE 5 MINUTEN BACKZEIT: 10 BZW. 30–40 MINUTEN

ZUTATEN

für die süße Variante

100 g Kürbiskerne
100 g Sonnenblumenkerne
1 TL Olivenöl
1 Eiweiß
2–3 EL Ahornsirup oder Honig
je 1 TL Zimtpulver und gemahlener Kardamom

für die herzhafte Variante

1 Dose Kichererbsen
1 EL Rapsöl
je ½ TL Zimtpulver und gemahlener Kreuzkümmel
1 TL Currypulver
Salz
Pfeffer

SO WIRD'S GEMACHT

1 Den Backofen auf 180 °C (süße Variante) bzw. auf 200 °C (herzhafte Variante) vorheizen und ein Backblech mit Backpapier belegen.

2 Für die süße Variante die Kerne mit Öl mischen, das Eiweiß steif schlagen und mit Ahornsirup und den Gewürzen mischen. Unter die Kerne rühren, auf dem Backblech verteilen und ca. 10 Minuten rösten, dabei 1- bis 2-mal wenden.

3 Für die herzhafte Variante die Kichererbsen abgießen, abbrausen und gut abtropfen lassen, ggf. trocken tupfen. Mit Öl und den Gewürzen mischen und auf dem Backblech verteilen. Im heißen Ofen 30–40 Minuten rösten, dabei immer wieder wenden.

VARIANTE MIT MANDELN

Sie können die herzhafte Variante auch mal mit Mandeln ausprobieren. Dazu 200 g blanchierte bzw. geschälte Mandeln mit den Würzzutaten mischen und bei 180 °C ca. 15 Minuten rösten, dabei immer wieder wenden.

BANANENKEKSE

ZUCKERFREI FÜR MAMA UND BABY

FÜR CA. 35 KEKSE ZUBEREITUNG: 10 MINUTEN
KÜHLZEIT: ETWA 30 MINUTEN BACKZEIT: 12–15 MINUTEN

SO WIRD'S GEMACHT

1 Die Banane schälen und mit einer Gabel fein zerdrücken. Mit der Butter vermischen, Zimt, Rosinen und das Mehl unterkneten. Den Teig zu einer homogenen Masse mischen und etwa 30 Minuten im Kühlschrank ruhen lassen.

2 Den Backofen auf 180 °C vorheizen und ein Backblech mit Backpapier auslegen. Den gekühlten Teig mit einem Teelöffel in kleinen Häufchen auf dem Blech verteilen. Im heißen Ofen in 12–15 Minuten goldbraun backen, herausnehmen und auskühlen lassen.

MILCHFREIE VARIANTE

Sie können statt Butter 2–3 EL Mandelmus (achten Sie auf die Konsistenz) verwenden.

KNUSPERVARIANTE

Für größere Kinder ersetzen Sie die Hälfte des Mehls durch Erdmandelflocken, das gibt eine tolle nussige Note.

HALTBARKEIT

Die Kekse halten sich, trocken und dunkel gelagert, ca. 2 Wochen.

ZUTATEN

1 kleine Banane

50 g weiche Butter

1 TL Zimtpulver und/oder 2 EL Rosinen

100 g Mehl (nach Belieben halb Vollkorn, halb ausgemahlen)

GEMÜSECHIPS

FÜR MAMA

FÜR ETWA 50 G KEKSE ZUBEREITUNG: 15 MINUTEN GRILLZEIT: 5 MINUTEN
TROCKENZEIT: 90 MINUTEN

SO WIRD'S GEMACHT

1 Das Gemüse schälen und mit dem Sparschäler in dünne Scheiben hobeln. Den Backofengrill auf 240 °C vorheizen, zwei Backbleche mit Backpapier belegen und dünn mit Öl einpinseln. Das gehobelte Gemüse von beiden Seiten darin wenden und auf den Blechen verteilen.

2 Das Gemüse nacheinander jeweils etwa 5 Minuten grillen, dann den Grill abschalten und anschließend ca. 15 Minuten bei geschlossener Backofentür trocknen. Weitere 60–90 Minuten bei leicht angelehnter Backofentür (einen Kochlöffel einstecken) trocknen lassen.

ZUTATEN

1 große Karotte

1 Rote Bete

1–2 EL Raps- oder Olivenöl

SCHWANGERSCHAFT

HOPPLA, DA WÄCHST ETWAS IN MIR ... DAFÜR WERDE ICH VON NUN AN VERANTWORTUNG TRAGEN ... DIE KOMMENDEN 40 WOCHEN LANG WIRD IHR KÖRPER DAS HERANWACHSENDE LEBEN VERSORGEN UND BESCHÜTZEN.

DIE DREI PHASEN
DER SCHWANGERSCHAFT

WIE WUNDERBAR – SIE SIND SCHWANGER. NEBEN DEN VIELEN GLÜCKSGEFÜHLEN ÜBERKOMMEN SIE SICHER AUCH EINIGE UNBERECHENBARE UND UNANGENEHME GEDANKEN, EMOTIONEN UND SORGEN. ABER WAS PASSIERT EIGENTLICH IN IHREM KÖRPER IN DEN NÄCHSTEN WOCHEN UND MONATEN?

Eine Schwangerschaft ist das Wunderbarste, was unsere Natur uns gegeben hat. Ihr Körper wird alles von ganz alleine regeln – vertrauen Sie ihm. Sie sind in dieser Zeit nicht krank! Natürlich gibt es das eine oder andere Wehwehchen, aber mal ehrlich, bei dieser Hormon-Achterbahnfahrt ist das auch kein Wunder! Auch wenn alles seinen Gang läuft und es Ihnen gut geht, so sollten Sie doch unbedingt die Vorsorgeuntersuchungen beim Arzt wahrnehmen – dadurch sind Sie und Ihr Kind von Anfang an in guten Händen. Und wenn Sie dann noch ein paar Regeln (in Ihrer Ernährung) beachten, dann wird es Ihnen und Ihrem Kind gut gehen, und Sie können diese Zeit voll und ganz genießen.
Die aufregende Zeit der Schwangerschaft wird Sie und Ihren Körper Kraft kosten – essen Sie von nun an für zwei. Das heißt nicht doppelt so viel, sondern doppelt so gut! Und entsprechend ausgewogen, also abwechslungsreich, gesund und regelmäßig sollte in dieser Zeit Ihre Ernährung sein. Rechts erfahren Sie, wie Sie Ihrem Körper und dem heranwachsenden Leben in welcher Schwangerschaftsphase etwas Gutes tun können.

DAS ERSTE TRIMESTER

Sämtliche Stoffwechselprozesse werden der neuen Situation angepasst und die Hormonausschüttung hat Hochkonjunktur. Das ist der Grund, warum Sie sich unwohl und mulmig fühlen könnten oder Ihnen gar übel wird. Auch Müdigkeit kann sich anschleichen – Sie und Ihr Körper stellen sich voll und ganz auf die neue Phase ein. In Ihrem Körper passiert zudem so einiges, um sich auf das wachsende Baby, die Geburt und vor allem die veränderte Körpersituation vorzubereiten – die Blutmenge steigt um mehr als ein Drittel an, im Gewebe wird mehr Flüssigkeit eingelagert, der Busen wird voller und das Gesicht und die Haut werden weicher.
Der wachsende Embryo ist in den ersten drei Monaten am empfindlichsten. Vor allem dann sollten Sie Zellgifte, Krankmachendes und Störendes (wie etwa Alkohol und Nikotin) vermeiden, um dem Embryo nicht zu schaden. Wie Sie auf den nächsten Seiten sehen werden, sind viele Vitamine und Mineralstoffe vor allem auch in den ersten 12 Wochen wichtig, da sie für die Zellteilung von Bedeutung sind. Denn in dieser Zeit werden alle wichtigen Organe angelegt.

DAS ZWEITE TRIMESTER

Von nun an sind Sie „wirklich" schwanger. Denn in den allermeisten Fällen kann jetzt nichts mehr passieren und die Zeit des Geheimhaltens und Abwartens ist vorbei. Ebenso die Phase der Müdig- und der Übelkeit. Genießen Sie diese nächsten Wochen und lassen Sie es sich gut gehen. Schöpfen Sie Kraft – genau wie es Ihr Körper machen wird – für die letzten Schwangerschaftswochen und die Geburt.
Mit einer ausgewogenen und regelmäßigen Ernährung und eventuellen zusätzlichen Vitamin- bzw. Mineralstoffergänzungen (bitte nur bei Notwendigkeit und nach Absprache mit Ihrem Arzt) können Sie die Reserven und Vorräte auffüllen, die Ihr Körper rund um die Geburt brauchen wird.
Sie nehmen zu, Ihr Bäuchlein wächst, Sie sind wahrscheinlich wieder motivierter und fitter für leichte sportliche Aktivitäten. Achten Sie weiterhin besonders auf sich und Ihren Körper. Meist gibt er eindeutige Signale, was er jetzt braucht und was vielleicht auch zu viel an Aktivität bzw. Stress ist.

DAS DRITTE TRIMESTER

Der Babybauch ist mittlerweile nicht mehr zu übersehen und Ihr Kind wächst kräftig. Jetzt brauchen Sie tatsächlich auch ein Mehr an Kalorien – denn in den letzten Wochen der Schwangerschaft nimmt Ihr Kind vor allem an Gewicht zu. Dafür benötigt es Eiweiß, essenzielle Fettsäuren, Mineralstoffe und Vitamine. Und wenn Ihre Speicher voll sind, kann es sich daraus munter bedienen. Mit steigendem Gewicht und wachsendem Bauch werden Sie unbeweglicher und langsamer. Aber auch die Fettdepots haben Ihr Gutes, denn sie werden schon als Energiespeicher für die Zeit nach der Geburt – für die Stillzeit – angelegt.
Vermutlich wird Ihr Körper auch ein wenig Flüssigkeit einlagern, sodass Sie abends vielleicht geschwollene Beine haben. Bewegen Sie sich weiterhin regelmäßig im individuell möglichen Rahmen, aber gönnen Sie sich trotzdem viel Ruhe und legen Sie öfter mal die Beine hoch. Das tut Ihrer beanspruchten Beckenregion gut und steuert obendrein Krampfadern entgegen.
Ihr Bindegewebe wird nun immer mehr beansprucht und durch Hormone weicher, um für die Geburt besonders elastisch zu werden. Um die Strapazierfähigkeit zu erhöhen, empfiehlt sich eine Ernährung mit viel Vitamin C, hochwertigem Eiweiß und Omega-3-Fettsäuren. Auch regelmäßiges Trinken hilft. Essen Sie weiterhin ausgewogen und vollwertig, gern auch mit einigen Zwischenmahlzeiten, denn der Platz in Ihrem Bauch ist nun begrenzt und Sie werden große Mahlzeiten gar nicht genießen können. Also lieber klein und öfter!

ENERGIE- UND NÄHRSTOFFBEDARF

Sie haben während der Schwangerschaft einen veränderten Nährstoff- und Kalorienbedarf. Allerdings ist das individuell und muss mit Ihrem Arzt abgeklärt werden.
Allgemein lässt sich sagen, dass Sie einen leicht erhöhten Energiebedarf haben. Er steigt im Lauf der Schwangerschaft nur wenig an und ist in den letzten Monaten um etwa 10 % höher als vor der Schwangerschaft. Das sind rund 250 kcal pro Tag mehr – nicht sonderlich viel.
Die einzelnen Nährstoffe lassen sich dem Körper meist durch eine abwechslungs- und nährstoffreiche Ernährung zuführen. So können Sie – von wenigen Ausnahmen abgesehen – die Einnahme teurer Zusatzpräparate vermeiden.

EIWEISSE BZW. AMINOSÄUREN

- Sind als Bausteine jeder Zelle wichtig für den Zellaufbau, die Erbinformationen und fürs Immunsystem.
- Der Bedarf ist ab dem 2. Schwangerschaftsdrittel um ca. 20 % erhöht.

Durch die Kombination eiweißreicher Lebensmittel untereinander kann die Eiweißqualität verbessert werden, z. B.:

- Getreide + Fleisch oder Fisch oder Milch
  Kartoffeln + Milchprodukte oder Eier
  Hülsenfrüchte + Eier oder Getreide (Weizen, Roggen)
  Eier + Soja oder Mais.
- Enthalten in Fleisch, Fisch, Eiern, Milch, Hülsenfrüchten, Nüssen, Samen, Sojaprodukten, Vollkorn und Kartoffeln.

ESSENZIELLE FETTSÄUREN

- Sind bedeutend für die Gehirnentwicklung, das Sehvermögen und das Nervensystem. Ausreichende Versorgung soll positiv auf die spätere Intelligenz und Leistungsfähigkeit des Kindes wirken und Wochenbettdepressionen vorbeugen.
- Essenzielle Fettsäuren werden vom Körper unbedingt benötigt, er kann sie aber nicht selbst herstellen, deswegen müssen sie über die Nahrung zugeführt werden.

Es handelt sich dabei um mehrfach ungesättigte Fettsäuren, z. B.:

- Linolsäure und Alpha-Linolensäure (pflanzliche Omega-3-Fettsäure) – beides findet sich in Sonnenblumenöl, Distelöl und Rapsöl, Leinöl, Sojaöl oder auch Nüssen.
- Andere Omega-3-Fettsäuren (z. B. Eisosapentaensäure, kurz EPA) finden sich vor allem in fettreichen Fischen (Lachs, Hering, Makrele).

FOLSÄURE, WASSERLÖSLICH

- Essenziell für Zellteilung, -neubildung und die Bildung von roten Blutkörperchen bei der Mutter (durch das erhöhte Blutvolumen). Folsäure ist vor allem nötig in der Frühschwangerschaft (Vermeidung eines Neuralrohrdefekts).
- Bei Kinderwunsch schon vor der Schwangerschaft einnehmen (täglicher Bedarf rund 400 µg, während der Schwangerschaft 550 µg)
- Enthalten in Eiern und grünem Blattgemüse

VITAMIN A, FETTLÖSLICH (VORSTUFE BETA-KAROTIN)

- Ist wichtig für Membranbildung, Sehkraft, Lungenentwicklung und -reifung des Ungeborenen. In der kindlichen Leber wird ein Speicher angelegt.
- Erhöhter Bedarf ab dem 2. Trimester. Kann bei deutlicher Unterversorgung im letzten Drittel zu vorzeitiger Geburt, Wachstumsverzögerungen oder geringerem Geburtsgewicht führen.
- Es ist darauf zu achten, nicht durch bestimmte Lebensmittel mit hoher Konzentration wie Leber bzw. Leberwurst zu viel Vitamin A aufzunehmen, denn das wiederum kann vor allem im 1. Trimester fürs Kind schädlich sein.
- Enthalten in gelb-orangefarbenem und grünem Gemüse und Obst sowie in Leber bzw. Leberwurst

VITAMIN B6, WASSERLÖSLICH

- Ist beteiligt am Eiweißstoffwechsel und dadurch bedeutsam für das Wachstum des Ungeborenen.
- Der Bedarf ist ab dem 2. Schwangerschaftsdrittel um rund 50 % höher.
- Enthalten in Vollkorngetreide (hier z. B. Müsli, Weizenkeime), Hühner- und Schweinefleisch, grünem Gemüse (Kohl, grüne Bohnen, Feldsalat) und Bananen.

VITAMIN B12, WASSERLÖSLICH

- Wirkt mit an der Blutbildung, dem Abbau von Fettsäuren und dem Folsäurestoffwechsel.
- Kann für Vegetarierinnen (außer bei Ovo-Lacto-Vegetarierinnen) bzw. Langzeit-Veganerinnen problematisch sein.
- Enthalten in tierischen Lebensmitteln wie Fleisch, Fisch, Ei und Milch/Milchprodukten, in sehr geringen Mengen auch in Sauerkraut (durch die Gärung).

VITAMIN D, FETTLÖSLICH

- Ist essentiell für den Knochenaufbau, Zellwachstum und Immunsystem.
- Wird im Körper der Mutter selbst gebildet, sofern eine ausreichende Sonneneinstrahlung (UVB-Strahlen) auf der Haut gewährleistet ist.
- Kein erhöhter Bedarf in Schwangerschaft und Stillzeit. Allerdings kann ein Mangel zu einem gestörten Kalziumstoffwechsel führen (schlecht für Knochen und Zähne, sowohl beim Kind als auch bei der Mutter).
- Enthalten vor allem in fettreichen Fischen (Lachs, Hering, Makrele) und in geringen Mengen in fettreichen Milchprodukten, Eigelb, Pilzen und Avocado.

JOD

- Ist Bestandteil der Schilddrüsenhormone.
- Ist erhöht in Schwangerschaft und Stillzeit.
- Kann geistiger und körperlicher Entwicklung des Babys schaden und sowohl bei Mutter, als auch bei Kind zum Kropf führen.
- Eine Schilddrüsenfehlfunktion muss mit Frauenarzt bzw. Hebamme geklärt, beobachtet und therapiert werden.
- Enthalten in jodhaltigem Speisesalz, Meeresfischen und Milch/Milchprodukten.

EISEN

- Ist bedeutend für Sauerstofftransport im Blut und Immunabwehr.
- Die Eisenversorgung des Ungeborenen erfolgt über die Nabelschnur.
- Der Eisenstatus wird regelmäßig während der Schwangerschaft überprüft, eine Einnahme von Eisenpräparaten sollte individuell, nur bei erwiesenem Mangel und nur durch ärztliche Beratung erfolgen. Ein Zuviel an Eisen kann auch schädlich für Mutter und Kind sein.
- Erhöhter Bedarf in der Schwangerschaft.
- In tierischen Lebensmitteln enthalten. In dunklem Fleisch und Eiern, aber auch in pflanzlichen Nahrungsmitteln wie Vollkorn (Hafer, Hirse, Amaranth), roten Gemüse- und Obstsorten (Beeren, rote Bete) und Kräutern (Kresse, Rucola, Löwenzahn, Feldsalat), in Nüssen und Samen (Kürbiskerne und Sesam), verstärkt vor allem in Kombination mit Vitamin-C-haltigen Lebensmitteln (Johannisbeeren, Kiwi, Zitrusfrüchte, Paprika, grüne Blattgemüse).

ZINK

- Ist wichtig für Stoffwechselprozesse, Wachstum, Zellteilung und Immunabwehr.
- Kann die Wundheilung verbessern.
- Enthalten in Fleisch, Milchprodukten, Eiern, Vollkorngetreide, Ölsaaten wie Leinsamen und Kürbiskernen.

MAGNESIUM

- Magnesium wirkt wehenhemmend und sollte als Präparat nur in Absprache mit dem Arzt bis längstens um die 36. Schwangerschaftswoche herum eingenommen werden.
- Kein direkt gesteigerter Bedarf.
- Bei Magnesiummangel allerdings haben viele Frauen im Verlauf der Schwangerschaft Wadenkrämpfe und vorzeitige Wehentätigkeit.
- Enthalten vor allem in Vollkornprodukten (Haferflocken, Amaranth, Hirse), Nüssen, Naturreis, Bananen, Erbsen und Bohnen.

KALZIUM

- Ist wichtig für die Stabilisierung der Zellmembranen, Reizübertragung im Nerven- und Muskelsystem und Blutgerinnung.
- Ist Baustein für Knochen und Zähne beim Kind.
- Der Körper verdoppelt die Kalziumaufnahmerate während der Schwangerschaft, und während der Stillzeit sorgt der mütterliche Körper durch die Muttermilch auch für eine ausreichende Kalziumzufuhr, vorausgesetzt die Speicher der Mutter sind voll.
- Der Bedarf der Mutter ist weder während der Schwangerschaft noch während der Stillzeit gesteigert, allein durch abwechslungsreiche Ernährung (vor allem mit pflanzlichen Kalziumlieferanten) ist eine optimale Versorgung gewährleistet, Kalziumräuber wirken dagegen ungünstig auf den mütterlichen Kalziumhaushalt und sollten vermieden werden (z. B. Oxalsäure (Rhabarber, Spinat), Phosphor (Fast Food, Limonaden, Wurstwaren) oder Kaffee, Grün- und Schwarztee).
- Enthalten in grünem Gemüse, Kräutern, Nüssen (Mandeln), Samen, auch in Hartkäse und kalziumreichem Mineralwasser.

DO'S UND DON'TS

WAS DARF ICH ESSEN UND WAS NICHT?

FÜR DIE ZEIT DER SCHWANGERSCHAFT GILT ES, SICH EIN WENIG GEDANKEN ÜBER DIE EIGENE ERNÄHRUNG ZU MACHEN. ES GIBT NÄMLICH LEBENSMITTEL, DIE SIE MEIDEN SOLLTEN – ZUM SCHUTZ IHRES BABYS.

Die Entwicklung des Ungeborenen kann durch Genussgifte oder Krankheitserreger gestört werden und so dem Baby schaden. Gelüste hin oder her – die meisten dürfen Sie ungehindert stillen, aber einige Lebens- bzw. Genussmittel sind in der kommenden Zeit erst mal tabu bzw. dürfen nur in geringen Mengen aufgenommen werden. Aber lassen Sie sich nicht verrückt machen – ein einmaliger versehentlicher Verzehr ist nicht gleich eine Katastrophe.

KOFFEIN

Koffein und koffeinähnliche Substanzen haben eine anregende Wirkung, fördern die Herztätigkeit, wirken auf das zentrale Nervensystem und steigern zudem die Wasserausscheidung über die Nieren. Weil Koffein ungehindert über die Plazenta zum Baby gelangt, hat es auch direkten Einfluss auf das Kind und lässt etwa sein Herz doppelt so schnell schlagen. Ein zu hoher Koffeinkonsum kann sich möglicherweise ungünstig auf die Entwicklung des Ungeborenen auswirken. Es gibt Studien, die das Risiko für Fehlbildungen, Frühgeburten oder ein zu geringes Geburtsgewicht bei sehr hohen Koffeinmengen während der Schwangerschaft belegen. Ein moderater Kaffeekonsum dagegen wird als unbedenklich angesehen.
Bei niedrigem Blutdruck kann es für die Mutter belebend und genussvoll sein, täglich bis zu 2 Tassen Kaffee zu sich zu nehmen. Sie dürfen in diesem Rahmen gerne einen Cappuccino oder Ähnliches genießen, denn ein Espresso hat weniger Koffein als eine Tasse Filterkaffee, einfach wegen der geringeren Trinkmenge. Koffein ist aber nicht nur in Kaffee, sondern auch in Grün- und Schwarztee, in kleinen Mengen in Kakao und Schokolade sowie sehr hoch dosiert in Cola und Energydrinks enthalten. Von letztgenannten Getränken wird während der Schwangerschaft schon wegen des Zuckergehalts komplett abgeraten.

ALKOHOL UND NIKOTIN

Alkohol und Nikotin gehen beide direkt und völlig ungehindert über die Plazenta in den Blutkreislauf und Körper des Kindes über. Beim Alkohol ist das vor allem während der ersten drei Monate ein besonderes Risiko, da schon kleinste Mengen die Entwicklung beeinträchtigen können. Regelmäßiger und hoher Alkoholkonsum führt zu schweren geistigen und körperlichen Störungen wie Wachstumshemmung, Schädigung von Organ- und Nervenzellen, Intelligenzminderung und Fehlbildungen. Dazu kommt, dass dem Ungeborenen noch die Enzyme zum Alkoholabbau fehlen, wodurch der Alkohol im Blut deutlich länger bleibt als bei Erwachsenen.
Meiden Sie Alkohol also lieber völlig, um Schädigungen jeglicher Art von dieser Seite ausschließen zu können. Übrigens: Auch in alkoholfreiem Bier und Sekt sind geringe Restmengen Alkohol enthalten.
Enthaltsamkeit gilt auch für Nikotin. Rauchen in der Schwangerschaft, auch das passive Rauchen, ist komplett tabu. Nur so können Sie damit verbundene Gefahren wie plötzlichen Kindstod, vermindertes Geburtsgewicht und erhöhtes Allergie- und Krebsrisiko vermeiden.

KRÄUTER UND GEWÜRZE

Kräuter und Gewürze wie z. B. Zimt, Rosmarin, Süßholz, Petersilie, Ingwer oder auch Fenchel und Anis können arzneiähnliche Wirkungen haben und sollten nicht in großen Mengen und dauerhaft konsumiert werden.
Vor allem Kräutertees sind einerseits eine gute Flüssigkeitsquelle und können Schwangerschaftsbeschwerden lindern, doch andererseits wirken sie in übermäßiger Dosierung auch auf die Gebärmutter bzw. den Darm, was zu Kontraktionen führen kann. Gerade gegen Ende der Schwangerschaft wer-

den spezielle geburtsfördernde Tees, vor allem mit Himbeerblättern, eingesetzt, um die Wehentätigkeit in Gang zu bringen. Bedenken Sie, dass manches Kraut als Heilmittel und in früheren Zeiten auch zur Abtreibung eingesetzt wurde. Ganz so schlimm ist es natürlich nicht, sofern Sie nicht nach der Regel „viel hilft viel" vorgehen. Häufiger oder gar regelmäßiger Genuss in hochkonzentrierter Form (z. B. als Aromaöle) ist tabu. Wenn Sie in kleinen, küchenmäßigen Mengen und gezielt konsumieren, ist alles im grünen Bereich. Fragen Sie Ihren Arzt oder Ihre Hebamme, wenn Sie unsicher sind.

ZUSATZSTOFFE

In unseren Lebensmitteln sind zuhauf Zusatzstoffe verarbeitet. Verzehren Sie soweit wie möglich unverarbeitete Lebensmittel. Vor allem können Zuckeraustauschstoffe in größeren Mengen (mehr als 30 g) bedenklich sein und zu Bauchkrämpfen und Durchfall führen, wenn Sie darauf empfindlich reagieren. Achten Sie einfach auf die Dosierung und Sie werden selbst merken, ob sie Ihnen schaden oder nur geringe Auswirkungen haben.

▼ Ein Cappuccino zum Frühstück ist durchaus erlaubt, größere Mengen Kaffee sind aber tabu.

SCHADSTOFFE UND UMWELTGIFTE

Schadstoffe und Umweltgifte finden sich überall, und in der heutigen Zeit scheint man trotz vieler Kontrollen und Richtwerte nie so genau zu wissen, was sich worin befindet. Allerdings sind unsere Lebensmittel relativ sicher und die Grenzwerte so niedrig – nicht nur bei Bioprodukten, sondern auch bei konventionell erzeugten Lebensmitteln – dass Sie sie unbedenklich essen können. Schimmelpilze und Schwermetalle allerdings bergen gesundheitliche Risiken. Vor allem während der Schwangerschaft und Stillzeit sollten Sie darauf ein besonderes Augenmerk legen. Schimmelpilze fühlen sich überall dort wohl, wo es feucht und warm ist, beispielsweise in fertig abgepackten Sprossenpackungen. Es empfiehlt sich also, Sprossen selbst zu ziehen und diese vor dem Verzehr gründlich mit kaltem Wasser abzubrausen.

Bei Nüssen und Getreide ist ebenfalls Vorsicht geboten – hier können schon während der Ernte, dem Transport oder der Lagerung Schimmelpilzgifte, sogenannte Aflatoxine, vorhanden sein. Auch manches Obst, Kuchen, Brot und Brotaufstriche (herzhaft und süß) können leicht zu schimmeln beginnen, bewahren Sie diese deswegen vorsichtshalber im Kühlschrank auf. Werfen Sie im Zweifelsfall die Lebensmittel lieber weg, sobald sie muffig riechen, denn Schimmelpilze sind nicht immer sichtbar.

Im Gewebe von Fischen, vor allem Raubfischen, lagern sich Schwermetalle, genauer Quecksilber, ab, weil sie am Ende der Nahrungskette stehen. Zu diesen Fische gehören beispielsweise Thunfisch, Heilbutt, Aal, Hecht, Rotbarsch, Seeteufel oder auch Schwertfisch. Deswegen sollten Sie in der Schwangerschaft und auch Stillzeit komplett auf diese Fischsorten verzichten. Nahezu unbelastet sind dagegen alle Zuchtfische sowie Lachs, Seelachs, Kabeljau, Schellfisch, Hering, Makrele, Forelle oder Pangasius. Achten Sie aber auf jeden Fall beim Fischkauf auf nachhaltige Aspekte (weitere Infos dazu siehe Seite 33).

Neben Quecksilber sind auch andere Schwermetalle, wie Blei und Cadmium, in unserer Nahrung zu finden. Verzichten Sie deswegen jetzt auch vorsorglich lieber auf tierische Innereien, Meeresfrüchte und Wildpilze.

KEIME UND INFEKTIONSKRANKHEITEN

Keime, die sich auf damit verbundenen „verbotenen" Lebensmitteln befinden können, lösen unter Umständen Infektionen aus. Wichtig hierbei: Nur rohe Lebensmittel sind von diesen Keimen bzw. Infektionen betroffen. Sobald Sie frisch Gegartes oder Gebackenes verzehren, sind Sie auf der sicheren Seite!

TOXOPLASMOSE

Bei Toxoplasmose handelt es sich um eine durch parasitäre Erreger ausgelöste Infektionskrankheit, die bei erstmaliger Infektion während der Schwangerschaft auf das Ungeborene übertragen werden und zu Fehlbildungen und Frühgeburten führen kann. Die Erreger werden meist durch rohes Fleisch, Katzenkot oder dadurch verunreinigte Erde bzw. Sand übertragen. Eine Infektion außerhalb der Schwangerschaft verläuft meist symptomfrei. Und wenn sich in Ihrem Blut bereits Antikörper gebildet haben, sind Sie auch während der Schwangerschaft immun gegen eine erneute Toxoplamoseinfektion und bieten Ihrem Baby im Bauch Schutz. Über einen Suchtest kann der Frauenarzt Ihre Immunität feststellen. Meiden Sie deswegen, falls Sie nicht immun sind, rohes oder nicht komplett durcherhitztes Fleisch, auch Rohfleischerzeugnisse, wie Tatar oder Rohwurst. Allerdings werden die Keime durch Pökeln, Hitze, Gefrieren oder Reifung abgetötet. Ebenso sollten Sie auf rohes, ungewaschenes Obst und Gemüse verzichten.

LISTERIOSE

Listeriose ist eine durch Bakterien ausgelöste Krankheit, welche durch fast alle rohen Lebensmittel verursacht werden kann. Eine Infektion kann das Baby schädigen, allerdings ist eine Ansteckung relativ selten. Vorkommen können die verursachenden Listerien in rohem Fisch (auch geräuchert oder mariniert), rohem Fleisch (auch geräuchert), Rohmilch und -produkten (wie z. B. Frisch- und Weichkäse, vor allem auch in der Rinde, achten Sie auf die Packungsdeklarationen!) und abgepackten frischen

Lebensmitteln, wie Fertigsalaten bzw. vorgeschnittenen Salaten, Sprossen, Obstsalaten, Sandwiches oder ungewaschenem Obst und Gemüse und Produkte daraus (gilt auch für frisch gepresste Säfte in Satftheken!). Die Lagerung im Kühlschrank und Gefriergerät überleben die Bakterien, lediglich das Erhitzen auf über 70 °C bringt sicheres Abtöten der Keime mit sich. Absolut kein Risiko bergen Käsesorten aus pasteurisierter Milch, auch langgereifter Käse ist okay. Bei längeren Reifezeiten (mindestens 6 Monate) sind auch Salami und Schinken unbedenklich und ebenso gründlich gewaschenes und frisch zubereitetes Obst und Gemüse.

SALMONELLEN

Salmonellen und die daraus entstehende bakterielle Verunreinigung von Lebensmitteln sind vor allem in Eiern und rohem Geflügelfleisch sowie in Schweinefleisch und Fisch zu finden. Hierdurch wird das Ungeborene nicht direkt geschädigt, aber die damit verbundenen Durchfälle können zu vorzeitiger Wehentätigkeit führen. Risikoreiche Lebensmittel also einfach gut durchgaren und Sie sind auf der sicheren Seite. Bei Eiern bitte vor allem darauf achten, dass sie wirklich hart gekocht sind, denn auch ein pochiertes oder wachsweiches Ei kann noch Salmonellen enthalten.

EHEC

Enterohämorrhagische Escherichia coli (EHEC) wird ebenfalls durch Bakterien in rohen Lebensmitteln übertragen und kann zu Nierenversagen führen. Dies ist besonders für Säuglinge von großer Gefahr. Achten Sie hier auch einfach, wie bei der Listeriose, auf gutes Durcherhitzen oder lange Reifung – also mindestens 6 Monate gereifte Salami oder Schinken oder alter Käse, wie Parmesan, Bergkäse, sind in Ordnung. Entfernen Sie immer die Rinde vor dem Verzehr!

▼ Während der Schwangerschaft besser nur hartgekochte Eier essen

RUND UMS ESSEN

UNSERE LEBENSMITTEL UND DIE UMWELT

AUCH WENN SIE MANCHMAL DAS GEFÜHL HABEN, WENIG FÜR IHR BABY IM BAUCH UND SEIN GESUNDES WACHSTUM TUN ZU KÖNNEN, SO HABEN SIE IHRE ERNÄHRUNG VOLL UND GANZ IN DER HAND. DAS IST SCHON EINE GANZE MENGE!

Die Ernährung während Ihrer Schwangerschaft geben Sie Ihrem ungeborenen Kleinen mit auf den Weg. Sie wählen die Lebensmittel aus, Sie entscheiden, ob Sie Bio kaufen oder nicht, und Sie essen letztendlich das, was Ihnen gut schmeckt und gut bekommt. Und damit prägen Sie bereits zum jetzigen Zeitpunkt die Geschmackseindrücke Ihres Kindes – auch schon im Mutterleib.
Je abwechslungsreicher Sie sich ernähren, desto besser. Denn das Fruchtwasser, das Ihr Baby während seiner Zeit im Bauch ständig schluckt und wieder ausscheidet, gibt die Vielfalt Ihrer Essensgewohnheiten wider, und der Körper Ihres Babys kann somit auch diese Vielfalt kennenlernen. Denn vermutlich werden Sie nach der Geburt nicht komplett Ihre Ernährung umstellen und Ihr Kind wird weiterhin ähnliche Aromen und Geschmackseinflüsse über die Muttermilch mitbekommen.

SCHWANGERSCHAFTSGELÜSTE

Auch Ihr Geschmack kann sich während der Schwangerschaft verändern. Gelüste und Abneigungen – das sind die Ammenmärchen, welche durch die Welt geistern. Klar, es kann sein, dass Sie das ein oder andere Mal Heißhunger und Gelüste auf bestimmte Dinge entwickeln oder dass Sie andererseits einzelne Lebensmittel oder Speisen nicht mehr riechen bzw. schmecken können. Aber das ist nicht gleich ein Grund, allem nachzugeben. Sie sollten essen, was Ihnen schmeckt und was Ihnen bekommt, und sich natürlich nichts reinzwängen, was Sie abstößt.
Die Sache mit den Gelüsten verstehen viele Frauen durchaus falsch. Es ist natürlich lustig, saure Gurken mit Eiscreme zu verzehren, aber darauf hat kaum eine Frau Lust. Manche verspüren den Drang, ganz viel frisches Obst und Gemüse zu futtern, andere haben tatsächlich abstruse Ideen, was jetzt gerade sein müsste.
Es ist aber vielmehr so, dass Ihr Körper den richtigen „Riecher" hat, und er sucht sich das, was ihm an Nährstoffen gerade fehlt. Also passen Sie auf, wenn Ihr Körper beispielsweise nach Schokolade verlangt, dann kann dahinter ein erhöhter Magnesium- oder Zinkmangel stecken. Den sollten Sie nicht rein über Schokolade decken, Magnesium steckt in Bananen und Haferflocken. Und Nüsse, Kerne und Samen versorgen Sie mit Zink. Und vor allem: Halten Sie ein wenig Maß und bleiben Sie vernünftig.

ALLERGIEN

Manch eine Frau hat mit Allergien oder Unverträglichkeiten zu kämpfen. Diese müssen Sie natürlich weiterhin in Ihrer Schwangerschaft beachten. Wenn Sie allerdings nur an die Allergieprophylaxe Ihres Kindes denken, so sollten Sie nicht auf einzelne Lebensmittel verzichten. Die Vielseitigkeit in Ihrer Ernährung ist die beste Vorbeugung gegen Allergien, denn Ihr Ungeborenes kommt, wie schon erwähnt, über das Fruchtwasser und die Plazenta in den Genuss Ihrer Speisen und somit Nährwerte etc. Und so wird sein Körper sich auch mit den verschiedenen „allergenen" Stoffen auseinandersetzen und lernen, damit umzugehen. Fisch und die darin enthaltenen positiven Fettsäuren gelten als allergiesenkend. Ebenso probiotische Lebensmittel, sie sollen Heuschnupfen vorbeugen.
Was Sie definitiv meiden sollten, weil es als allergiefördernd gilt: Nikotin (sowohl aktiv als auch passiv), Schimmel, feuchte Stellen und Pilze in Wohnungen, lösungsmittelhaltige Farben und Lacke im Wohnbereich sowie übermäßige Abgase und andere Luftschadstoffe.

VEGGIE-MAMIS

Sie sind Vegetarierin und schwanger? So manche werdende Veggie-Mama fragt sich vielleicht nun: Soll ich meinem Kind zuliebe doch Fleisch in der Schwangerschaft essen, oder esse ich vegetarisch weiter wie bisher? Sofern Sie sich ovo-lacto-vegetarisch ernähren, also auch Milch und Eier verzehren, sind Sie bei einer gezielten Lebensmittelauswahl und -kombination auf der sicheren Seite (siehe dazu auch Seiten 26–27). Lediglich Ihren Eisenstatus sollten Sie regelmäßig überprüfen lassen und gegebenenfalls mit Nährstoffzusätzen ausgleichen.

Ähnliches gilt, wenn Sie auf den Verzehr von Fisch verzichten. Hier empfiehlt es sich eventuell, zusätzlich Fette zu ergänzen, um sich und dem Baby die besonders wertvollen Omega-3-Fettsäuren zuführen zu können.

Bei Langzeitvegetarierinnen kann es sein, dass die Vorräte an einzelnen Vitaminen oder Mineralstoffen leer sind. Am besten besprechen Sie in diesem Fall Ihre Ernährungsweise mit kompetenten Fachleuten, wenn Sie unsicher sind. Es finden sich sicherlich Alternativen, damit Sie dennoch bei der vegetarischen Ernährung bleiben können.

Für Veganerinnen gilt während der Schwangerschaft, dass Sie mit rein pflanzlicher Nahrung vermutlich nicht die von Mutter und Baby benötigten Nährstoffe in ausreichender Form zuführen können. Das gilt selbst bei sorgfältiger Lebensmittelauswahl.

Die vegane Ernährungsform würde für Sie als Mutter und vor allem für Ihr ungeborenes Kind große Risiken bergen, vor allem im Bereich der Entwicklung des kindlichen Nervensystems. Nur mit medizinischer oder fachkundiger Ernährungsberatung sowie zusätzlichen Nährstoffeinnahmen kann eine ausreichende Rundumversorgung gewährleistet werden, wenn die Ernährung partout weiterhin vegan sein soll.

BIO UND ANDERE QUALITÄTSSIEGEL

Die Qualität unserer europäischen Lebensmittel ist im Allgemeinen sehr gut. Allerdings gilt es, sich aufgrund von Themen wie Nachhaltigkeit, Schadstoffbelastung, Antibiotika in Tierfutter, Lebensmittel-Skandalen usw. mehr Gedanken über die Nahrungsbeschaffung bzw. -aufnahme zu machen. Ihrer Gesundheit zuliebe sollten Sie darauf achten, mehr Produkte aus ökologischem Landbau einzukaufen. Bioqualität muss bei Obst und Gemüse nicht immer sein. Aber vor allem aus der Region sollte man seinen Bedarf an Lebensmitteln decken, denn so entfallen lange Transportwege. Damit erledigt sich dann auch die Frage nach der Saisonalität der Lebensmittel quasi von allein, denn Biobauern aus der Region können ohnehin nur je nach Saison Produkte anbauen und verkaufen. Indem Sie biologisch erzeugte Lebensmittel konsumieren, unterstützen Sie auch die umweltfreundlichere Landwirtschaft und tragen so einen Teil zum Schutz von Boden, Wasser und Klima bei.

Besonders bei tierischen Lebensmitteln wie Eiern, Fleisch und Fisch sollten Sie beim Einkauf auf Bioqualität und andere Qualitätssiegel achten. So wissen Sie, dass die Tiere artgerecht gehalten wurden und sich im Produkt keine Rückstände finden. Rückstände wie Hormone, Antibiotika oder andere Schadstoffe können in den menschlichen Körper übergehen und dort zu Krankheiten führen.

Bei Fisch beipielsweise gibt es das MSC-Siegel, das eine nachhaltige Fischerei gewährleistet, also garantiert, dass nicht mehr Fische gefangen werden, als natürlich nachwachsen können. Weniger ist mehr: Essen Sie lieber etwas seltener Fleisch und Fisch, aber achten Sie dafür im Gegenzug auf eine hohe Qualität. Es ist nicht sonderlich schwer, Sie werden sehen! Und machen Sie sich ein bisschen Gedanken dazu – sich, Ihrer Familie und der Umwelt zuliebe!

GENUG GETRUNKEN?

TRINKEN, TRINKEN UND NOCHMALS TRINKEN!

GENUG ZU TRINKEN IST BESONDERS JETZT IN DER SCHWANGERSCHAFT WICHTIG. ACHTEN SIE AUF EINE AUSREICHENDE FLÜSSIGKEITSZUFUHR, AM BESTEN GLEICHMÄSSIG ÜBER DEN TAG VERTEILT.

Gute 2 bis maximal 3 Liter am Tag sollten Sie trinken – und das schaffen auch Sie! Sie können munter aus unseren Getränkerezepten – vor allem für die Zwischenmahlzeiten – auswählen. Andernfalls finden Sie auf der Seite rechts noch kurze Tipps für abwechslungsreiche Durstlöscher. Wenn Sie vor dem Frühstück, am besten gleich nach dem Aufstehen, ein Glas Wasser trinken, kommen Ihre Lebensgeister gleich schon mal in Schwung. Mit etwas Zitronensaft regt es zudem die Verdauung an, und wenn Sie zu Beginn der Schwangerschaft unter Übelkeit leiden, dann tut Ihnen warmes Ingwerwasser, in kleinen Schlucken getrunken, besonders gut.

FRÜHSTÜCK

Zum Frühstück empfiehlt sich dann ein Heißgetränk. Manche Frauen brauchen einfach einen morgendlichen Koffeinschub, das ist auch in Ordnung, solange Sie sich auf eine Tasse beschränken. Genießen Sie Ihren Latte Macchiato, Cappuccino, Filterkaffee oder Schwarz- oder Grüntee. Vielleicht entdecken Sie ja auch Malzkaffee für sich, den können Sie uneingeschränkt zu sich nehmen. Sie können sich auch einen wärmenden Kräuter- oder Früchtetee zubereiten. Oder stehen Sie lieber auf Fruchtsaft? Dann am besten einen frisch gepressten Orangensaft oder frisch zubereiteten Smoothie.

VORMITTAG

Für den Vormittag stellen Sie sich am besten ungesüßten Tee (in einer Thermoskanne), warmes oder kaltes Ingwerwasser oder andere aromatisierte Kräuterwässerchen bereit – am besten 0,5 bis 0,75 l – und trinken es verteilt über die ganze Zeit. Wenn Sie nun als Zwischenmahlzeit etwas Obst zu sich nehmen, das wasserreich ist, schreiten Sie in Ihrer Flüssigkeitsbilanz noch mal weiter voran. Vielleicht haben gerade Mandarinen Saison, oder ist Beerenzeit? Dann nichts wie ran und genießen! Legen Sie Ihre Hände zu einer Schale; die Obstmenge, die darin Platz findet, darf gegessen werden.

MITTAGESSEN

Zum Mittagessen reicht einfach auch mal ein Glas Mineralwasser oder eine Saftschorle, ganz nach Lust und Laune. Vielleicht haben Sie ja die Möglichkeit, einen frischen Salat zu essen, auch das bringt Flüssigkeit für Ihren Körper.

NACHMITTAG

Wenn Sie nachmittags noch eine flüssigkeitsreiche Snackmahlzeit zu sich nehmen, etwa ein Glas Buttermilch oder einen Trinkjoghurt, tut das besonders gut. Sie könnten auch jetzt wieder ein bis zwei Gläser Tee vorbereiten, in der Thermoskanne warmhalten und über den Nachmittag verteilt trinken.

ABENDESSEN

Abendessen ist Suppenzeit – zumindest in der kalten Jahreszeit tut eine wärmende Suppe dem Körper gut. Und auch im Sommer gibt es leckere, flüssigkeitsreiche Alternativen, wie eine geeiste Kaltschale. Oder Sie gönnen sich begleitend zum Abendessen noch einen bunten Gemüse-Rohkostteller. Und dazu gibt es ab und zu mal ein Radler aus alkoholfreiem Bier und Zitronenlimonade. Als Betthupferl – sofern Sie eines brauchen – schmeckt ein Schlummertrunk aus warmer Milch, vielleicht mal mit wenig Honig gesüßt oder mit etwas Kakao angerührt.

DURSTLÖSCHER

IN SOMMER- UND WINTERVARIANTEN

⇨ FÜR AUSREICHENDE FLÜSSIGKEITSZUFUHR
5 MINUTEN + ZIEHZEIT DER TEES

SOMMER

Geben Sie die Kräuter, gründlich gewaschen, in einen großen Krug und füllen Sie das Wasser dazu. Im Kühlschrank ziehen lassen und nach Belieben mit Eiswürfeln genießen. Auch gut schmeckt es, ein paar Beeren, Ingwerstücke, Gurken-, Zitronen- oder Orangenscheiben mit ins Wasser zu geben.

Oder Sie genießen einen koffeinfreien Eistee aus Roibuschtee, etwas Pfirsichsaft, einigen Pfirsichschnitzen und einem Spritzer Zitronensaft.

WINTER

Etwas Holunderbeerensaft und einen Spritzer Zitronensirup mit 0,25 bis 0,5 Liter kochendem Wasser übergießen, umrühren und kurz ziehen lassen.

Oder Sie kombinieren Ihren Lieblingssaft in einem Topf mit einem Früchte- oder Kräutertee Ihrer Wahl und geben die Gewürze dazu. 10 Minuten ganz schwach köcheln lassen. Gewürze herausnehmen und vor dem Trinken mit etwas Honig nach Geschmack süßen.

In der kälteren Jahreszeit können Sie frische Kräuter auch mit kochendem Wasser übergießen und den Kräutertee nach Belieben mit Zitronensirup, Agavendicksaft oder Honig leicht süßen.

ZUTATEN

für das aromatisierte Wasser
1–2 Zweige Minze (alternativ Zitronenmelisse, Rosmarin, Basilikum)

1–1,5 l (Mineral-)Wasser

Eiswürfel

Obst nach Geschmack

für den Eistee
Roibuschtee

Pfirsichsaft und -schnitze

Zitronensaft

für den Holunderpunsch
Holunderbeerensaft

Zitronensirup

für den Gewürztee
300 ml Früchte- oder Kräutertee

300 ml Saft nach Geschmack

1 Gewürznelke

1 Stückchen Zimtstange

1 Sternanis

Honig nach Geschmack

▼ Frische Minze heiß oder kalt genießen

BESCHWERDEN UND ALARMSIGNALE
WÄHREND DER SCHWANGERSCHAFT

MAL EIN ZWICKEN HIER UND MAL EIN WEHWEHCHEN DA – DAS KOMMT IN JEDER SCHWANGERSCHAFT VOR. GERATEN SIE DESWEGEN NICHT GLEICH IN PANIK. AUF DIE FOLGENDEN "ZIPPERLEIN" SOLLTE JEDOCH EIN ARZT EIN AUGE WERFEN!

GEWICHTSZUNAHME

Während der Schwangerschaft verändert sich nicht nur Ihre Körperform, auch das Gewicht erhöht sich peu à peu – das ist ganz normal. Denn nicht nur das Kind in Ihrem Bauch wird immer größer und schwerer, sondern auch Fruchtwasser, Plazenta, Körperwasser, steigendes Blutvolumen, Fettreserven für Geburt und Stillzeit und der wachsende und sich verändernde Busen sind für die Gewichtszunahme verantwortlich. Wie viel Sie zunehmen sollten, hängt vor allem auch von Ihrem Gewicht vor der Schwangerschaft ab. Bei normalgewichtigen Frauen sind die Voraussetzungen für eine Empfängnis, einen reibungslosen Schwangerschafts- und Geburtsverlauf und auch die Gesundheit des Kindes am positivsten. Eine Gewichtszunahme bis zum Ende der Schwangerschaft sollte zwischen 10 bis 16 kg bei Normalgewicht der Frau liegen. Durch morgendliche Übelkeit, Erbrechen und Müdigkeit kann sich Ihr Gewicht erst mal nach unten bewegen, das ist auch in Ordnung so. Sie brauchen sich keine Sorgen zu machen. Erst im zweiten Schwangerschaftsdrittel steigt das Körpergewicht meist deutlich an. Absolut tabu während der Schwangerschaft sind Diäten oder endloses Schlemmen. Vielmehr sollten Sie sich und Ihrem Kind Wohlfühlnahrung gönnen und auf eine wirklich abwechslungsreiche, zuckerarme, vollwertige und nährstoffreiche Ernährung achten. Zudem tun Ihnen Bewegung und sanfter Sport mit viel frischer Luft gut, und Sie können so überflüssige Pfunde vermeiden.

GESTOSE ODER PRÄKLAMPSIE

Bei einer Gestose oder Präklampsie handelt es sich um eine Stoffwechselveränderung, die sich aus mehreren Symptomen zusammensetzt. Vermehrt Eiweiß im Urin, Wassereinlagerungen im Gewebe (Ödeme) und Bluthochdruck – dies alles zusammen, oftmals mit schneller Gewichtszunahme und Kopfschmerzen, sind Anzeichen für diese Schwangerschaftskomplikation. Bei den Vorsorgeuntersuchungen werden deswegen auch regelmäßig Urin und Blutdruck kontrolliert. Die frühere Empfehlung zu einer salzarmen Ernährung ist heute überholt und man rät Schwangeren dagegen zu viel Obst, Gemüse, Nüssen und eiweißreicher Kost. Und trinken Sie viel – wie bereits erwähnt, sind 2–3 Liter am Tag perfekt!

SCHWANGERSCHAFTSDIABETES

Während der Schwangerschaft, meist ab der 24. Schwangerschaftswoche, kann sich durch den veränderten Stoffwechsel der Frau ein Schwangerschaftsdiabetes entwickeln. Dann erhöht sich der Bedarf an Insulin (dieses Hormon sorgt für den Transport des Zuckers aus dem Blut zu den Zellen) und eine Störung der Glucosetoleranz zeigt (deutlich) erhöhte Blutzuckerwerte. Wenig Bewegung, Übergewicht, Stress und zuckerreiche Ernährung können dies begünstigen. Vor allem für das Ungeborene birgt ein unerkannter Schwangerschaftsdiabetes Risiken und es kann zu erhöhtem Geburtsgewicht oder auch Komplikationen nach der Geburt kommen. Mit einem Glucosetest beim Frauenarzt oder der Hebamme kann ein möglicher Diabetes festgestellt werden. Um einem Schwangerschaftsdiabetes vorzubeugen bzw. die Einnahme von Medikamenten zu vermeiden, nehmen Sie fünf bis sechs kleinere Mahlzeiten zu sich, vor allem aus ballaststoffreichen Vollkornprodukten, Gemüse und sättigendem Eiweiß. Bewegen Sie sich viel, vor allem an der frischen Luft. Vermeiden Sie Zuckeraustauschstoffe, denn sie können zu Blähungen und Durchfällen führen, was eine vorzeitige Wehentätigkeit auslösen kann.

KRAMPFADERN

Krampfadern können sich während der Schwangerschaft bilden oder sich gar verschlimmern, weil die wachsende Gebärmutter und das Kind im Becken auf die Venen drücken können; auch die erhöhte Blutmenge und die veränderte Hormonlage begünstigen die Entstehung von Krampfadern – egal wo. Hämorrhoiden beispielsweise sind Krampfadern in der Rektalgegend und können durch Verstopfung verstärkt auftreten. Da auch Übergewicht bei der Entstehung von Krampfadern eine Rolle spielt, sollten Sie (bei Veranlagung) versuchen, nur mäßig zuzunehmen. Eine gute Verdauung, regelmäßige Pausen mit Beine hochlegen, viel Bewegung und das Tragen von Kompressions- oder Stützstrümpfen kann gegen Krampfadern helfen bzw. vorbeugen.

▼ Beine hochlegen, um Krampfadern vorzubeugen

KLEINE WEHWEHCHEN

UND IHRE HAUSMITTELCHEN

VIELE SCHWANGERE HABEN ÄHNLICHE BESCHWERDEN. DAS IST KEIN GRUND, GLEICH ZU MEDIKAMENTEN ZU GREIFEN. ZUM GLÜCK GIBT ES SANFTE UND ERPROBTE HAUSMITTEL AUS DEM KÜCHENSCHRANK, DIE IHNEN HELFEN.

HEISSHUNGER UND GELÜSTE

Lassen Sie Heißhunger erst gar nicht aufkommen, indem Sie regelmäßig vernünftige Zwischenmahlzeiten zu sich nehmen. Haben Sie lediglich Appetit auf Süßes oder knurrt Ihnen wirklich der Magen? Statt Süßkram oder zuckerhaltigen Getränken können Sie gerne auf Obstportionen umsteigen. Auch Kekse, vollwertig, ballaststoffreich und mit wenig Zucker, dürfen Sie genießen. Oder Sie legen sich einen kunterbunten Nussvorrat an, aus dem Sie zwischendurch knabbern können. Und mal ehrlich, wenn Ihre Ernährung ansonsten ausgewogen und gesund ist, dann dürfen Sie – natürlich in Maßen – Ihren Gelüsten ruhig auch mal nachgeben. Und wenn Sie ständig Hunger verspüren, dann vergrößern Sie einfach die Gemüseportionen und essen eiweiß- und/oder ballaststoffreicher, das sättigt anhaltender.

ÜBELKEIT UND ERBRECHEN

Diese beiden Übeltäter treten gern im ersten Trimester auf, Grund dafür ist die hormonelle Umstellung. Ein Risiko birgt lediglich hoher Flüssigkeits- bzw. Mineralstoffverlust. Probieren Sie gleich morgens vor dem Aufstehen ein paar Schlucke warmes Wasser (gut tut es, wenn Sie etwas Ingwer, Fenchel, Anis oder Kümmel dazugeben) oder auch trockenes Gebäck, wie Zwieback oder Reiswaffel. Achten Sie auf eine ausreichende Versorgung mit B-Vitaminen. Und für unterwegs können Sie sich Traubenzucker, Trockenobst oder kandierten Ingwer bereitlegen, das hilft auch gegen Übelkeit und Erbrechen. Den Ingwer allerdings lieber nur im ersten Drittel anwenden, denn er kann auch wehenfördernd wirken. Wenn Übelkeit, Erbrechen oder auch Schwindel länger anhaltend und sehr ausgeprägt auftreten, informieren Sie bitte Ihren Arzt oder Ihre Hebamme.

SCHWINDEL

Gerade bei niedrigem Blutdruck kann zur oben genannten Übelkeit Schwindel dazukommen.
Eine Tasse Schwarztee oder Kaffee helfen meist den Lebensgeistern auf die Sprünge und ein Löffelchen Honig oder Zucker bringen den Blutzuckerspiegel zudem gleich mal auf Trab. Ganz wichtig bei Schwindel, trinken Sie ausreichend und regelmäßig über den Tag verteilt (siehe Seiten 34–35). Und gönnen Sie sich zwischendurch regelmäßige Pausen, legen Sie die Beine hoch oder gehen Sie eine Runde um den Block spazieren. Einfach mal abschalten! Das baut Stress ab und gleicht körperliche und psychische Belastungen aus.

MÜDIGKEIT

Müdigkeit tritt auch gerne im ersten Schwangerschaftsabschnitt auf, kann zu einem späteren Zeitpunkt aber die Folge von Eisenmangel sein.
Um Müdigkeit vorzubeugen, gönnen Sie sich ausreichend Schlaf und viel Bewegung an der frischen Luft. Auch Yoga- und Atemübungen können die Hormonumstellung auffangen – diese Übungen wirken oftmals anregend und zugleich entspannend.
Bei drohendem Eisenmangel wirken Sie mit der entsprechenden Ernährung (siehe Seiten 42 und 46) erst mal entgegen, beispielsweise mit Vollkornprodukten oder dunklem Fleisch.

SODBRENNEN

Meist gegen Ende der Schwangerschaft, wenn das Kind nach unten drückt und die Hormone mal wieder verrückt spielen, kann der Verschlussmuskel zwischen Magen und Speiseröhre nicht mehr voll funktionstüchtig sein. Auf diese Weise kann es dann passieren, dass Magensaft wieder zurück in die Speiseröhre gelangt, diese reizt und so Sodbrennen verursacht.
Nach dem Essen sollten Sie sofortiges Hinlegen vermeiden, ebenso helfen viele kleine Mahlzeiten, damit die zunehmende Enge nicht zu Völlegefühl führt. Bitterstoffe mildern die Magenübersäuerung. Akut helfen meist: etwas Milch, Senf, Saft von rohen Kartoffeln oder gut gekaute Mandeln. Meiden Sie bei Sodbrennen kohlensäurehaltige Mineralwässer und greifen Sie lieber zu stillem Wasser. Ebenso sollten Sie auf sehr süße, sehr fette, sehr scharfe und kräftig gewürzte Speisen verzichten.

BLÄHUNGEN UND VERSTOPFUNG

Hormonelle Veränderungen lassen den Darm träge werden und verlangsamen so die Verdauung. Ebenso kann es immer wieder während der Schwangerschaft zu Blähungen kommen. Achten Sie auf jeden Fall auf eine gute Verdauung und eine gesunde Darmflora. Dies kann einerseits mit ballaststoffreicher Ernährung mit viel Obst und Gemüse erfolgen, trinken Sie viel dazu, fehlende Flüssigkeit fördert noch mehr die Verstopfung.
Andererseits verbessern gesäuerte Milchprodukte wie Joghurt, Buttermilch oder Kefir das Darmmilieu. Milchzucker, sparsam aufgenommen, beispielsweise durch Molke oder als Pulver zum Süßen, kann manchmal Wunder wirken.
Außerdem ist der Verzicht auf stopfend wirkende Lebensmittel ratsam (z. B. Bananen, Schokolade, Hartkäse oder lang gezogener Schwarztee).
Bei Blähungen allerdings sollten Sie auf blähende Lebensmittel verzichten, dies sind etwa Hefeprodukte (beispielsweise auch viele Backwaren vom Bäcker), Zwiebeln, Kohlgemüse oder grobe Vollkornprodukte.

WADENKRÄMPFE

Ein Mangel an Magnesium und Kalzium kann die Weiterleitung von Reizen zwischen Muskel und Nerven blockieren und zu Muskelkrämpfen führen – und auch vorzeitige Wehen auslösen.
Knabbern Sie bei Krämpfen ausgiebig Nüsse, Samen und Datteln, das hilft den Mangel auszugleichen.
Auch Milchprodukte, Bananen, Krabben, Kartoffeln und Vollkornprodukte (vor allem Hirse und Haferflocken) sind nun von Vorteil und können die Mangelsituation wieder umkehren.

SCHWANGERSCHAFTS-REZEPTE

NICHT NUR FÜR IHR EIGENES WOHLBEFINDEN, SONDERN AUCH FÜR DAS GESUNDE WACHSTUM IHRES BABYS LOHNT ES SICH, ZU KOCHEN, ZU SCHLEMMEN UND ZU GENIESSEN. MIT DIESEN REZEPTEN BEKOMMEN SIE DIE VOLLE PORTION AN WICHTIGEN NÄHRSTOFFEN UND FITMACHERN ...

GESUND DURCH DEN SCHWANGEREN-TAG

TIPPS FÜR FÜNF LECKERE MAHLZEITEN

WELCHE MAHLZEITEN EMPFEHLEN SICH ZU WELCHER TAGESZEIT? ERGÄNZEND ZU DEN REZEPTEN AUS DEM BUCH FINDEN SIE HIER EINIGE GESUNDE ANREGUNGEN ZUM AUSPROBIEREN.

MITTAGESSEN

Mittags sollten Sie sich eine kleine Box mit vielen Leckereien, die Ihnen Freude bereiten, zusammenstellen. Die Japaner nennen das Bentobox, die Amerikaner Lunchbox, in Indien hat man seine Dabbas und wir Deutschen sagen einfach Henkelmann dazu. Und es ist so praktisch für unterwegs. Denn darin lassen sich Sandwich, Salat und auch Suppe verpacken und mit zur Arbeit nehmen. Wenn Sie eine Kantine besuchen, dann entscheiden Sie sich für fettarme Gerichte oder große Portionen Gemüsebeilagen.

SNACK

Falls Sie morgens unter Appetitlosigkeit leiden, beginnen Sie den Tag nur mit einem Getränk und ein wenig Obst oder ein paar Nüssen. Dann ist es umso wichtiger, dass sie später eine zweite, richtige Pause zum Frühstücken einlegen. Andernfalls sollten Sie, vor allem im letzten Drittel der Schwangerschaft, zwischendurch auch eine Kleinigkeit zu sich nehmen. Denn gerade dann braucht Ihr Körper regelmäßige Energiezufuhr. Trinken Sie eine heiße Schokolade, knabbern Sie ein bisschen Obst oder genießen Sie einen kleinen Joghurt, das bringt Sie gut durch den Vormittag.

FRÜHSTÜCK

Füllen Sie die über Nacht geleerten Speicher wieder auf. Ganz egal, ob Sie Morgenmuffel oder Durchstarter sind, ein Frühstück für einen guten Start in den Tag muss sein. 1–2 Scheiben Vollkornbrot mit Belag oder ein am Abend vorbereitetes Müsli, dazu jeweils ein Getränk oder einen gehaltvollen Smoothie, das gibt Kraft für den Tag.

ZWISCHENMAHLZEIT

Auch nachmittags sollten Sie sich einen kleinen Snack gönnen. Vielleicht sind ein paar Käsewürfel passend für Sie, vielleicht brauchen Sie aber auch Kekse, Kuchen oder 1–2 der fruchtigen Powerkugeln von Seite 20. Obst ist immer eine gute Wahl – oder auch ein paar Stückchen Rohkost. Wenn Sie mal dringend Eisen benötigen, gerade in der späten Schwangerschaft ist das ja durchaus der Fall, können Sie auf diesen Powersnack ausweichen: Edamame. Das sind grüne Sojabohnen, am besten im Asialaden als TK-Ware zu bekommen, die noch im gefrorenen Zustand entweder im Wasserdampf, kochenden Salzwasser oder in der Mikrowelle gegart werden. Jeweils ca. 5–10 Minuten. Eventuell abgießen und etwas salzen und dann genießen, indem Sie die Bohnen aus der Schote lutschen. Und am besten noch ein Glas frisch gepressten Orangensaft dazu, das gibt den nötigen Vitamin-C-Kick für die verbesserte Eisenaufnahme!

ABENDESSEN

Einmal am Tag sollten Sie auf jeden Fall eine warme Mahlzeit zu sich nehmen. Sofern das bereits mittags der Fall war, reicht es, wenn Sie eine kleine Brotzeit zu sich nehmen, bestehend aus 2 Scheiben Vollkornbrot mit herzhaftem, fettarmem Belag, dazu etwas Rohkost oder einen Smoothie. Sie können aber auch, besonders im Winter, eine nahrhafte Suppe genießen. Ansonsten kochen Sie für sich (und Ihren Partner) eine leichte Abendmahlzeit mit Gemüse oder Salat oder eine eiweißreiche Süßspeise, wie Milchreis oder Grießbrei – das stimmt den Magen auf die kommende Nacht ein.

STÄRKEMÜSLI
MIT BANANE UND NÜSSEN

⇨ VITAMIN-B-REZEPT
FÜR 15 PORTIONEN · GRUNDMISCHUNG: 5 MINUTEN · PRO PORTION: 5 MINUTEN

VORRATS-MÜSLI-MISCHUNG

ZUTATEN

für die Grundmischung

150 g Haferflocken
100 g Dinkelflocken
50 g Weizenkeime
50 g gelber Leinsamen
50 g Sonnenblumenkerne
50 g Buchweizenpops (nach Belieben auch Hirse- oder Amaranthpops)

pro Portion

je 1 EL gehackte Haselnüsse und Pistazien
1 kleine Banane
150 ml Milch

SO WIRD'S GEMACHT

1. Für die Grundmischung die Flocken, Weizenkeime, Leinsamen, Sonnenblumenkerne und Pops nach Belieben miteinander mischen und in einem Vorratsglas aufbewahren.

2. Für eine Müsliportion 2–3 EL Grundmischung (etwa 40 g) in eine Schüssel geben, Haselnüsse und Pistazien untermischen. Die Banane schälen und in dünne Scheiben schneiden, zum Müsli geben und mit Milch servieren.

SCHOKOVARIANTE

Für den kleinen Süßekick können Sie das Müsli mit 1 TL Kakaopulver und 1 EL Schokostreuseln aufpeppen.

WINTERVARIANTE

Im Winter stärkt das Müsli mit leicht erwärmter Honigmilch und etwas Zimtpulver.

SANDWICH
MIT TOFU-NUSS-AUFSTRICH UND CAMEMBERT

⇨ ENTHÄLT VIEL KALZIUM UND EISEN

FÜR 4 PORTIONEN ⌚ AUFSTRICH: 10 MINUTEN ⌚ SANDWICH: 10 MINUTEN

SO WIRD'S GEMACHT

1. Die Haselnuss- und Kürbiskerne in einer Pfanne ohne Fett rösten, bis sie duften, aus der Pfanne nehmen und grob hacken. Den Tofu in grobe Stücke schneiden.

2. Kerne, Tofu, Öl , Zitronensaft und Senf im Mixer oder mit dem Stabmixer so lange pürieren, bis eine glatte Paste entstanden ist. Den Aufstrich mit Salz und Pfeffer würzen.

3. Für das Sandwich den Rucola verlesen, waschen und gut trocken schütteln. Die beiden Brotscheiben mit dem Aufstrich bestreichen, eine Seite mit Rucola belegen. Den Camembert in Scheiben schneiden und auf dem Rucola verteilen, mit Pfeffer nach Belieben bestreuen und die Brote zusammenklappen.

VARIANTE OHNE TOFU

Statt Tofu verwenden Sie 200 g Parmesan in Stücken und pürieren diesen mit den oben genannten Zutaten. Wer möchte, kann das Sandwich dann statt mit Camembert mit Putenschinken oder geräucherter Putenbrust belegen.

ZUTATEN

für den Aufstrich

30 g Haselnusskerne
30 g Kürbiskerne
200 g Tofu
2 EL Kürbiskernöl (oder Olivenöl)
1 EL Zitronensaft
1 EL süßen Senf
Salz
Pfeffer

pro Sandwich

½ Bund Rucola (oder etwas Feldsalat)
2 Scheiben Vollkornbrot (à ca. 60 g)
¼ vom obigen Tofu-Nussaufstrich
40 g Camembert (nicht aus Rohmilch)
Pfeffer

GRÜNES ROHKOST-ALLERLEI

MIT AVOCADO- UND ORANGENDIP

⇨ ENTHÄLT VIEL FOLSÄURE
FÜR 2 PORTIONEN 25 MINUTEN

SO WIRD'S GEMACHT

1 Für das Rohkost-Allerlei das Gemüse putzen bzw. schälen, waschen und in mundgerechte Streifen, Stangen oder Stücke schneiden.

2 Für den Avocadodip die Avocado halbieren, den Kern entfernen und das Fruchtfleisch aus den Schalenhälften lösen. Zusammen mit Sauerrahm, Zitronensaft, Salz und Cayennepfeffer nach Geschmack fein pürieren oder mit einer Gabel zerdrücken und gut mischen.

3 Für den Orangendip die Orange heiß abwaschen, die Schale fein abreiben und den Saft auspressen. Den Feta mit einer Gabel zerdrücken und mit Sahnemeerrettich, Schmand, 3–4 EL Orangensaft, -schale und Marmelade glatt rühren. Mit Salz und Pfeffer würzen und die beiden Dips mit dem geschnittenen Gemüse genießen.

ZUTATEN

für die Rohkost

500 g frisches Gemüse nach Saison (z. B. Stangensellerie, Chicorée, Karotten, Gurke, Zucchini, Kohlrabi, Fenchel, grüner Spargel)

für den Avocadodip

1 Avocado

3 EL Sauerrahm

1 EL Zitronensaft

Kräuter- oder Meersalz

Cayennepfeffer

für den Orangendip

½ Bio-Orange (Saft und Schale)

100 g Feta

1 EL Sahnemeerrettich

100 g Schmand

1 TL Orangen- oder Aprikosenmarmelade

Salz

Pfeffer

PELLKARTOFFELN

MIT GURKEN-LEINÖL-QUARK UND GEKOCHTEM EI

⇨ ENTHÄLT REICHLICH EIWEISS
FÜR 2 PORTIONEN 🕓 35 MINUTEN

SO WIRD'S GEMACHT

1 Die Kartoffeln in reichlich kochendem Salzwasser in 20–25 Minuten weich garen, abgießen.

2 Inzwischen die Eier anpieksen, in kochendes Wasser legen und in 8–10 Minuten hart kochen.

3 Für den Gurkenquark die Gurke schälen und grob reiben. Die Kräuter waschen, trocken schütteln und fein hacken. Mit der Gurke, dem Quark, Joghurt, Senf und Leinöl glatt rühren und mit Salz und Pfeffer würzen. Die Eier kalt abschrecken, pellen und mit den geschälten Kartoffeln zum Gurkenquark servieren.

TIPP

Wer Lust drauf hat, kann zu diesem Gericht auch gerne mal eine Portion Bismarckhering, Rollmöpse oder Brathering genießen. Hering ist reich an Eiweiß, guten Fetten und Jod – das macht ihn zu einem wertvollen Lebensmittel, vor allem in der Schwangerschaft.

ZUTATEN

600 g Kartoffeln
2 frische Eier
1 Stück Salatgurke (ca. ¼)
je ½ Bund Schnittlauch und Dill
250 g Quark (20% Fett)
100 g Naturjoghurt
1 TL Senf
2 EL Leinöl
Salz
Pfeffer

KALBSRAGOUT
MIT BUNTEM GEMÜSE

⇨ EIN PRIMA VORRATSREZEPT

FÜR 6 PORTIONEN ◷ 20 MINUTEN ◷ SCHMORZEIT: 45 MINUTEN

SO WIRD'S GEMACHT

1 Das Gemüse schälen bzw. putzen und waschen. Vom Sellerie die Fäden abziehen. Karotten und Sellerie in ca. 1 cm große Würfel schneiden. Das Selleriegrün fein hacken und beiseitelegen. Paprika von Stiel, Trennwänden und Kernen befreien und ebenfalls klein schneiden. Den Lauch in feine Ringe schneiden. Die getrockneten Tomaten und Aprikosen fein würfeln und das Kalbfleisch in mundgerechte Stücke schneiden.

2 Das Öl in einem Topf erhitzen, die Fleischwürfel darin scharf anbraten, die stückigen Tomaten zugeben, die Dose erneut mit Wasser füllen und dieses zum Fleisch gießen. Anschließend die getrockneten Tomaten und Aprikosen zugeben, salzen und pfeffern. Einmal aufkochen und zugedeckt bei schwacher Hitze ca. 15 Minuten garen.

3 Das Gemüse zugeben und zugedeckt bei schwacher Hitze weitere 15 Minuten garen. Den Apfel schälen und in grobe Stücke teilen, zum Ragout geben und erneut zugedeckt bei schwacher Hitze 15 Minuten garen.

VARIANTE MIT PUTE

Statt Kalbfleisch schmeckt auch mal Putenfleisch in diesem Ragout. Ersetzen Sie einfach die angebebene Menge Kalbfleisch durch Putenfleisch – entweder aus der Keule oder der Brust. Dann können Sie die Gesamtgarzeit auf 30 Minuten verkürzen und das Gemüse gleich zu Beginn mit in die Tomaten-Fleisch-Mischung geben.

TIPP

Dieses Ragout eignet sich prima, um es portionsweise einzufrieren – so haben Sie schnell ein nahrhaftes und stärkendes Essen parat, wenn es mal schnell gehen muss.

ZUTATEN

200 g Karotten
200 g Stangensellerie
1 rote Paprikaschote (270 g)
1 kleine Stange Lauch (150 g)
50 g getrocknete Tomaten
100 g getrocknete Aprikosen
800 g Kalbfleisch
2 EL Rapsöl
1 Dose stückige Tomaten
1 Apfel
Salz
Pfeffer

KRÄUTERFRITTATA

MIT INGWER UND KRABBEN

⇨ ENTHÄLT VIEL EIWEISS

FÜR 6 PORTIONEN 35 MINUTEN

SO WIRD'S GEMACHT

1 Die Kartoffeln schälen und in mundgerechte Würfel schneiden. Die Frühlingszwiebeln putzen, waschen und in feine Ringe schneiden. Den Ingwer schälen und sehr fein würfeln. Die Kräuter waschen, trocken schütteln und ohne Stiele fein hacken, 1 EL beiseitelegen. Den Parmesan fein reiben. Die Eier mit Parmesan, Ingwer und den Kräutern verquirlen und mit Salz und Pfeffer würzen.

2 Das Öl in einer Pfanne erhitzen, die Frühlingszwiebeln darin kurz anbraten, Kartoffeln zugeben, einmal durchschwenken und die Krabben dazugeben. Mit den Eiern übergießen, die Pfanne kräftig rütteln und halb zugedeckt bei kleiner Hitze ca. 20 Minuten stocken lassen. Mit den restlichen Kräutern bestreut servieren.

ZUTATEN

400 g gekochte Kartoffeln

2 Frühlingszwiebeln

1 Stück Ingwer (ca. 2 cm)

je ½ Bund Petersilie und Dill

20 g Parmesan

3 Eier

1 EL Rapsöl

150 g gegarte und geschälte Krabben/Garnelen (frisch oder TK)

Salz

Pfeffer

ANANAS-HIMBEER-SMOOTHIE

FÜR GESTÄRKTE ABWEHRKRÄFTE

⇨ ENTHÄLT FOLSÄURE, KALZIUM UND EISEN
FÜR 1 PORTION 10 MINUTEN

ZUTATEN

200 g Ananas
100 g Himbeeren (frisch oder TK)
150 ml Kefir
1 EL Haferflocken
etwas Vanillemark
1 TL Leinöl

SO WIRD'S GEMACHT

1 Die Ananas schälen, den holzigen Strunk in der Mitte entfernen, in grobe Stücke teilen und in einen Mixer geben. Himbeeren, Kefir, Haferflocken, Vanillemark und Leinöl zugeben und fein pürieren. In einem Glas sofort genießen.

TIPP

Probieren Sie mal Schwedenmilch mit Vanillegeschmack in diesem Smoothie, das gibt den Extra-Vanillekick. Schwedenmilch heißt die flüssige Dickmilch bzw. Sauermilch oftmals in Deutschland, weil sie eine große Verbreitung in Schweden hat.

GRÜNER INGWERDRINK

MIT BABYSPINAT

⇨ ENTHÄLT VITAMIN A, EISEN, MAGNESIUM, ZINK
FÜR 2 PORTIONEN 10 MINUTEN

ZUTATEN

1 kleines Stück Ingwer (ca. 1 cm)
1 Orange
50 g Babyspinat (junger Blattspinat)
1 Banane
200 ml Kokoswasser

SO WIRD'S GEMACHT

1 Den Ingwer schälen und gegen die Faser klein schneiden. Die Orange mitsamt der weißen Haut schälen und grob klein schneiden, eventuell Kerne entfernen. Babyspinat verlesen, waschen, trocken schütteln und mit Ingwer, Orange, Banane und Kokoswasser in einen Mixer geben und fein pürieren. Auf zwei Gläser verteilen und sofort genießen.

TIPP

Orange und Spinat sind ein prima Team, denn in Kombination kann die hohe Eisenmenge aus dem Spinat durch das in der Orange enthaltene Vitamin C besser aufgenommen werden. Der Ingwer vertreibt Übelkeit und wirkt mit seinen ätherischen Ölen auch verdauungsfördernd.

HERBI ALKOHOLFREI

EINE SPRITZIGE ERFRISCHUNG

FÜR 4 PORTIONEN · 15 MINUTEN · ZIEHZEIT: ÜBER NACHT

FÜR DIE MAMI-TO-BE-PARTY

ZUTATEN

1 Zitrone
2 Limetten
1 Stück Ingwer (ca. 4 cm)
3 Zweige Rosmarin
3 Zweige Zitronenthymian
1 Bund Basilikum
2 EL brauner Zucker nach Belieben
½ Gurke
500 ml Apfelsaft
500 ml Sodawasser (oder Tonic Water)
4 Scheiben Ingwer
Eiswürfel

SO WIRD'S GEMACHT

1 Zitrone und 1 Limette heiß abwaschen und die Schale mit dem Sparschäler dünn abschälen. Ingwer waschen und grob klein schneiden. Die Kräuter ebenfalls waschen und zusammen mit den Zitrusschalen und dem Ingwer (sowie dem Zucker) mit 200 ml kochendem Wasser übergießen und zugedeckt über Nacht bei Zimmertemperatur ziehen lassen.

2 Zitrone und Limette auspressen und die Gurke schälen. Alles zusammen im Mixer fein pürieren. Den Kräuteransatz abgießen und mit dem Zitrus-Gurkensaft mischen. Mit Apfelsaft und Sodawasser aufgießen.

3 Zum Servieren die Limette heiß abwaschen, vierteln und mit den Ingwerscheiben und Eiswürfeln auf 4 Cocktailgläser verteilen und mit dem Kräutersaft übergießen.

ROTE PARTY-BOWLE

MIT MINZE UND ERDBEEREN

FÜR 6 PORTIONEN · 10 MINUTEN · ZIEHZEIT: ÜBER NACHT

ZUTATEN

2 Stängel Minze
2 Stängel Zitronengras
300 g Erdbeeren (frisch oder TK)
500 ml roter Johannisbeersaft
250 ml Cranberrysaft
750 ml Mineralwasser, gut gekühlt
500 ml Ginger Ale, gut gekühlt

SO WIRD'S GEMACHT

1 Minze und Zitronengras putzen, waschen, ein paar Minzeblättchen abzupfen und zum Garnieren beiseitelegen. Zitronengras halbieren und jedes Stück kräftig mit dem Messerrücken andrücken. Minze und Zitronengras in einen Teebeutel geben und zuknoten oder mit einem Clip verschließen. Die Erdbeeren putzen, waschen und je nach Größe halbieren, vierteln oder ganz lassen. Zusammen mit dem Minze-Zitronegras-Beutel mit Johannisbeer- und Cranberrysaft übergießen und über Nacht, mindestens jedoch 6 Stunden kühl und dunkel ziehen lassen.

2 Den Beutel mit Minze und Zitronengras aus dem Bowlenansatz entfernen und kurz vor dem Servieren mit Mineralwasser und Ginger Ale aufgießen, mit den beiseitegelegten Minzblättchen garnieren.

STILLZEIT

Die Ära der Schwangerschaft ist zu Ende und ein neuer aufregender Abschnitt steht bevor. Mit der Geburt Ihres Kindes wird sich so einiges ändern ... anderes bleibt gleich. Was kommt auf die frisch gebackene Mutter zu?

SCHONFRIST FÜR MAMA UND KIND

DAS WOCHENBETT

IHR BABY IST NUN AUF DER WELT UND SOWOHL DIE HORMONE ALS AUCH DIE GEFÜHLE FAHREN ACHTERBAHN. DIE ANSTRENGUNGEN DER GEBURT WERDEN WAHRSCHEINLICH NOCH EINIGE ZEIT IN ERINNERUNG BLEIBEN.

Vielleicht haben Sie auch die ein oder andere Geburtsverletzung, die heilen wird. Und wie läuft das jetzt mit Ihrem Neugeborenen? Es muss erst einmal in dieser Welt ankommen können. Und Sie brauchen Ruhe, Unterstützung, Hilfe und viel Schlaf – denn nur so können Stillen und die Regeneration auch gut in Schwung kommen. Diese erste Zeit nach der Geburt nennt man Wochenbett. Nehmen Sie sich wirklich diese 6 Wochen als Auszeit und lassen Sie sich verwöhnen, betüddeln und genießen Sie diese zauberhafte Phase mit den vielen unbeschreiblichen neuen Momenten mit Ihrem Baby. Der Alltag kann sich noch früh genug einspielen – Sie, Ihr Baby und natürlich auch Ihr Partner müssen sich jetzt erst einmal beschnuppern und kennenlernen.

DAS WOCHENBETT

Den Begriff sollten Sie wortwörtlich nehmen und im Bett bleiben. Denn es gibt Kraft und schont Sie nach dieser Anstrengung. Und obendrein klappt das Stillen mit Ruhe und Ausgeglichenheit meist besser als unter Druck und Hektik. Sie müssen nicht gleich wieder fit und aktiv sein, Sie müssen niemandem etwas beweisen – lassen Sie einfach mal Fünfe gerade sein und geben alle Verantwortung aus Haushalt und sonstigen Verpflichtungen ab. Fordern Sie aktiv ein, dass man Sie verwöhnt und umsorgt. Und wimmeln Sie Anrufer und Besuch ab, wenn Ihnen nicht danach ist. Falls Sie dennoch bereit sind, Familie und eventuell die besten Freunde zu sehen, dann lassen Sie sich beispielsweise eine fertige und kräftigende Mahlzeit mitbringen. Klar, alle wollen nun das Baby sehen. Aber überfordern Sie sich nicht!

DER BABY-BLUES

Der Schlafmangel, die erneute Hormonumstellung und überhaupt die ganze neue Situation fühlen sich manchmal ganz schön erschöpfend und überfordernd an. Keine „Heile-Welt“ und große Glückseligkeit, stattdessen Traurigkeit und Verzweiflung. Baby-Blues nennt man das – und es ist völlig normal und in Ordnung. Nehmen Sie diese Gefühle ernst und reden Sie mit vertrauten und erfahrenen Personen darüber. Nur so kann man Ihnen die nötige Hilfe und Unterstützung geben. Sollten sich Ihre Gefühle verschlimmern, müssen Sie sich ärztliche Hilfe holen, sonst können Sie in einer tiefen Depression landen.

NÄHE UND NAHRUNG FÜRS BABY

DIE STILLZEIT BEGINNT

STILLEN IST EIN PERFEKTES WUNDER – IM KÖRPER DER FRAU SPIELEN SICH NUN VERSCHIEDENSTE VORGÄNGE AB UND LASSEN DIE MILCH FÜR DAS KIND IN PASSGENAUER QUALITÄT UND ZUSAMMENSETZUNG ENTSTEHEN.

Während die Milchproduktion für Ihr Baby in vollem Gange ist, sorgen die Stillhormone dafür, dass sich die Gebärmutter zurückbildet. Ihr Körper bedient sich an den in der Schwangerschaft angelegten Depots und dadurch wird auch Ihr Gewebe wieder straffer.
Ihr Körper hat in den letzten Wochen und Monaten viel geleistet. Und auch jetzt, während der Zeit des Stillens wird noch viel von ihm verlangt. Einerseits natürlich der Schlafmangel, andererseits viele neue Aufgaben rund um das Baby. Und das Stillen zehrt an Ihren Kräften, wie gut also, dass Ihr Körper dafür vorgesorgt hat. Fettdepots wurden angelegt, Hormone werden ausgeschüttet, die sämtliche Stillvorgänge regeln, Ihren Schlafmangel auffangen und sie im Glück schweben lassen.
Natürlich läuft nicht immer alles wie am Schnürchen und es wird den einen oder anderen Moment geben, in dem Sie am Rande der Verzweiflung sind. Ihre Hebamme wird während der Nachsorge nach Ihnen sehen und sich um Sie kümmern. Sie können sie nun alles fragen, was Ihnen auf dem Herzen liegt. Sie hat die besten Tipps bei Milchstau, wunden Brustwarzen, Blähungen des Babys, Stimmungsschwankungen oder anderen wichtigen und unwichtigen Dingen, die Sie bewegen und die Ihnen vielleicht Sorgen machen.

DIE ERNÄHRUNG IN DER STILLZEIT

Ihre Ernährung wird sich während der Stillzeit im Vergleich zur Schwangerschaft zwar auch ein bisschen ändern, aber prinzipiell gilt auch hier: gesund, nährstoffreich, abwechslungsreich, ausgewogen und vollwertig.
Durch das Stillen verbraucht Ihr Körper viel Energie, Sie benötigen rund 600 kcal mehr am Tag. Das ist eine ganze Menge, aber kein Wunder, Ihr Baby isst ja quasi mit. Keine Angst: Wenn Sie voll stillen, kommt Ihr Körper von ganz alleine wieder in Form. Jetzt ist jedenfalls der falsche Zeitpunkt fürs Abnehmen. Auch diese Phase wird kommen, nämlich dann, wenn Sie abgestillt haben oder nur noch minimal stillen. Dann werden die Fettdepots nicht mehr von Ihrem Baby benötigt, und falls sie nicht schon von allein verschwunden sind, gibt es auf den Seiten 70–71 ein paar Tipps zum leichteren Abnehmen.

AUSREICHEND TRINKEN

Das Baby trinkt und trinkt – manchmal kommt es einem so vor, als ob man den ganzen Tag nichts anderes macht. Das bedeutet vor allem auch für Sie viel Trinken! Da wir Menschen leider keine Flüssigkeit speichern können, muss eine stillende Mutter regelmäßig für Nachschub sorgen. Nur so kann die Milch fließen und Ihr Baby bekommt die nötige Menge Muttermilch präsentiert. Trinken Sie wie in der Schwangerschaft gut 2 Liter, im Sommer natürlich entsprechend mehr. Trinken Sie aber nicht zu viel, denn das würde die Milchmenge zurückgehen lassen, also den umgekehrten Effekt haben.
Orientieren Sie sich an der Getränkeauswahl wie in der Schwangerschaft (siehe Seiten 34–35), das tut Ihnen und Ihrem Kind gut. Kaffee und Schwarztee bzw. das enthaltene Koffein werden leider nur sehr langsam im Körper Ihres Kindes abgebaut. Deswegen ist es ratsam, den Konsum nach wie vor gering zu halten und vor allem auf die Zeiten direkt nach dem Stillen zu beschränken. Trinken Sie lieber Leitungs- oder stilles Mineralwasser statt kohlensäurehaltiges Mineralwasser, da Letztgenanntes die Milchbildung hemmen kann. Reichlich Säfte oder Früchtetees könnten für Ihr Baby zu säurereich sein, trinken Sie also lieber Saftschorlen oder ungesüßte Kräutertees.

MUTTERMILCH
NUR DAS BESTE FÜRS KIND

DIE BRÜSTE UND DER KÖRPER DER MUTTER HABEN SCHON IN DER SCHWANGERSCHAFT GUTE ARBEIT GELEISTET UND SICH BESTENS AUF DAS STILLEN VORBEREITET.

Die Milchdrüsen haben sich gebildet bzw. vergrößert und die Hormone (Oxytocin und Prolaktin) lassen nun, kurz nach der Geburt, die Milch einschießen und dann auch fließen. Sie können die Milchbildung aktiv mit der entsprechenden Nahrung beeinflussen. Aber Ihr Körper wird von ganz allein eine individuelle maßgeschneiderte Milch für Ihr Kind liefern – was es eben gerade braucht – mal reichhaltiger und sättigender, mal flüssiger und durststillender.

DIE VORMILCH

Ihr Baby braucht quasi von der ersten Minute an Ihre Nähe und Muttermilch. Da der „richtige" Milcheinschuss erst ein paar Tage nach der Geburt erfolgt, gibt es von Beginn an die Vormilch, auch Kolostrum genannt. Diese erste Mahlzeit steht nur in sehr kleinen Mengen zur Verfügung, ist aber so nahrhaft, wertvoll und reich an Antikörpern und Mineralstoffen, dass Ihr Baby bestens in diese Welt starten kann, einen guten Schutz mit auf den Weg bekommt. Ihr Baby braucht zusätzlich zur Vormilch nichts anderes, auch wenn die ersten Mahlzeiten recht klein ausfallen. Es muss sich erst einmal an diese Art der Nahrungsaufnahme gewöhnen und Sie werden ein Weilchen brauchen, bis das Anlegen bzw. Stillen reibungslos klappt. Und auch der anfängliche Gewichtsverlust Ihres Babys ist völlig normal. Lassen Sie sich nicht entmutigen!

DIE ÜBERGANGSMILCH

Dann folgt die sogenannte Übergangsmilch. Sie schießt ein paar Tage nach der Geburt durch hormonelle Umstellungen ein und ist nicht mehr so eiweißreich wie die Vormilch. Dafür enthält sie mehr Fett und Kohlenhydrate und steigt in ihrer Menge an.

DIE REIFE MUTTERMILCH

Etwa 2 Wochen nach der Geburt steht dem Neugeborenen nach Vor- und Übergangsmilch dann die reife Muttermilch zur Verfügung. Der Eiweißgehalt sinkt immer mehr, die Milch wird fettreicher und auch der Gehalt an Milchzucker steigt zunehmend. Die Zusammensetzung der reifen Muttermilch entspricht optimal dem Bedarf des Säuglings an Nährstoffen, Wasser und Energie.

Die meisten Nährstoffe der reifen Muttermilch werden nach Nachfrage perfekt auf die Bedürfnisse Ihres Babys abgestimmt. Sobald Ihr Kind krank wird, enthält die Milch beispielsweise mehr Stoffe zur Immunabwehr. Prinzipiell können Sie also davon ausgehen, dass in der Muttermilch alles bestens aufbereitet ist und in passender Form vorliegt, um im kindlichen, noch unreifen Verdauungstrakt optimal verwertet zu werden.

Auch das eben bereits erwähnte unreife Darmmilieu und die Darmschleimhaut Ihres Babys müssen zunächst entstehen. Diese werden von der Muttermilch genauso perfekt mit den entsprechenden Bakterien und Hormonen versorgt. Sogar jahreszeitenmäßig passt sich die Muttermilch an die speziellen Bedürfnisse des Babys an – im Sommer ist sie flüssiger und wasserreicher, um den Durst besser stillen zu können, im Winter dagegen ist die Muttermilch kalorienreicher und sättigender.

Obendrein steuert die Nachfrage das Angebot. Je mehr Hunger Ihr Kind hat, desto mehr Milch wird gebildet. Ein weiterer Vorteil ist, dass Muttermilch die beste Vorbeugung gegen Allergien bietet. Das liegt daran, dass Muttermilch im Vergleich zu künstlichen Säuglingsmilchnahrungen nur arteigenes Eiweiß enthält, welches vom Körper problemlos aufgenommen wird und keine Immunreaktion auslöst. Ein wahres Wunderwerk der Natur!

Dieses Wunderwerk, diese optimale Nahrung für Ihr Baby, sollten Sie ihm nicht vorenthalten. Die Muttermilch ist nicht nur optimal auf Ihr Baby abgestimmt – sie ist das gesündeste Fast Food der Welt. Sie als Mutter sind immer verfügbar, die Milch ist stets steril, gut verpackt und dadurch keimfrei, hat immer die passende Temperatur, Sie müssen nichts vorbereiten, anrühren oder gar aufwendig Flaschen sterilisieren und transportieren. Und es bringt für jeden Säugling erwiesenermaßen gesundheitliche Vorteile: Muttermilch stärkt die Abwehrkräfte, schützt vor Krankheiten, ist Medizin für kranke Babys, beugt Übergewicht, Diabetes und Allergien vor, ist leicht verdaulich, fördert die Verdauung (Stillbabys leiden eigentlich nie unter Verstopfung), schont die Nieren, macht schlau (weil es die Gehirnentwicklung positiv beeinflusst) und fördert die Geschmacksentwicklung über die Nahrungsvielfalt der Mutter.

Immer verzehrbereit dabei und praktisch verpackt: Muttermilch

STILLEN: WIE UND WANN?

UND WAS, WENN'S NICHT KLAPPT?

SIE BRAUCHEN DIE ABSTÄNDE ZWISCHEN DEN STILLMAHLZEITEN NICHT MIT DER STOPPUHR ZU VERFOLGEN UND EINZUHALTEN. EIN FESTER TRINKRHYTHMUS WIRD SICH MIT DER ZEIT UND FAST GANZ AUTOMATISCH EINSTELLEN.

MUTTERMILCH

Lassen Sie den Trinkrhythmus sich von alleine einstellen, versuchen Sie jedoch, zwischendurch Pausen von 2–3 Stunden einzuhalten, sobald Angebot und Nachfrage im Einklang sind – also lassen Sie Ihr Baby nicht im Dauernuckelmodus. Sie werden mit der Zeit merken, wann Ihr Kind wirklich Hunger hat und wann es nur Ihre Nähe sucht.

Auch die Stillzeiten schwanken ganz stark von Kind zu Kind – anfangs nur einige Minuten, dann 10 bis 15 Minuten. Lassen Sie Ihr Baby die Brust immer ganz leer trinken, denn erst gegen Ende, kurz bevor die Brust leer getrunken ist, wird die Milch fetter und damit sättigender. Und nachts halten die meisten Kinder längere Zeit noch nicht komplett durch. Sie haben für den riesigen Energiebedarf einen zu kleinen Magen und schaffen es (noch) nicht für einen langen Zeitraum „vorzusorgen".

Es kann sein, dass Ihr Neugeborenes anfangs häufiger schreien wird. Das ist normal, meist ist es ein Anzeichen, dass es Hunger hat (oder müde wird, die Windel voll ist oder ihm zu heiß oder zu kalt ist). Wenn sich das Stillen dann eingespielt hat, werden sich die Abstände zwischen den Stillmahlzeiten von 2–3 Stunden auf 4–6 Stunden einpendeln.

Wie viele Mahlzeiten ein Kind pro Tag zu sich nimmt, hängt ganz allein vom Bedürfnis des Babys ab, denn jedes Baby hat seinen eigenen Rhythmus und weiß selbst am besten, wann und wie viel Hunger es hat. Weitere Zeichen, die auf Hunger hindeuten können: Das Baby macht Suchbewegungen, es saugt bzw. schmatzt, es ist unruhig oder es führt die Hand zum Mund.

Und bedenken Sie: Ein vollgestilltes Baby wird weder zu viel Nahrung zu sich nehmen bzw. zu viel an Gewicht zunehmen, noch braucht es zusätzliche Flüssigkeit. Bieten Sie ihm Tee oder Wasser frühestens mit Einführung der Beikost an.

ERSATZ FÜR MUTTERMILCH

Es gibt natürlich auch Frauen, die leider nicht stillen können, denen es verwehrt bleibt, diese Erfahrung zu machen und Ihrem Kind Muttermilch geben zu können. Auch für diese Fälle hat die Industrie beste Produkte parat, die dem menschlichen Original sehr nahe kommen.

Forschung und Industrie haben kaum etwas so gut untersucht wie Muttermilch – die Erkenntnisse über Muttermilch sind riesig und das bedeutet für die Alternativen nur wenige Risiken und Nachteile. Geben Sie Ihrem Baby trotzdem Ihre Nähe und Fürsorge, die es braucht. Gerade beim Flaschenfüttern passiert es leicht, dass der Partner oder eine andere Person das Füttern übernimmt – was zwischendurch auch legitim ist.

Lassen Sie sich von Ihrer Hebamme rundum helfen und informieren. Auf diese Weise finden Sie dann bestimmt gemeinsam eine für alle Beteiligten angenehme und zufrieden stellende Lösung.

Für einen ersten Überblick sind hier die wichtigsten Ersatznahrungen für Muttermilch aufgeführt:

PRE-NAHRUNG, 1ER-NAHRUNG, ANFANGSMILCH

Ideal für die ersten 4 Monate ist die Pre-Nahrung, denn sie wird meist am besten vertragen und ist auch fürs Zufüttern geeignet. Sie kann aber auch gut für das gesamte 1. Lebensjahr verwendet werden.

Ebenso eignet sich die 1er-Nahrung oder Anfangsmilch. Diese Ersatznahrung ist auch für den Beginn gedacht, enthält aber im Vergleich zur Pre-Nahrung zusätzlich zur Laktose auch Stärke. Manchmal sind auch noch weitere Zuckerarten enthalten. 1er-Nahrung oder Anfangsmilch sättigt deswegen länger.

FOLGEMILCH, 2ER- UND 3ER-NAHRUNG

Folgemilch oder 2er-Nahrung sowie 3er-Nahrung sind eigentlich nicht wirklich notwendig, da sie hohe Eiweiß- und Mineralstoffgehalte aufweisen und erst für Babys ab 20 Wochen bzw. dem 8. Monat geeignet sind. Zu diesem späten Zeitpunkt reicht meist eine Milchmahlzeit aus, und die wird über Pre- oder 1er-Milch (oder eben Muttermilch) bestens gedeckt.

HA-NAHRUNG

HA-Nahrung (hypoallergen) ist, durch das bereits aufgespaltene Eiweiß, für allergiegefährdete Babys gedacht, wobei für diese Kinder eigentlich Muttermilch das Beste wäre. Sie können damit auch Breie zubereiten. Für Kinder mit erwiesener Allergie muss der Kinderarzt Spezial- oder Heilnahrung verschreiben. Sie ist allerdings nicht für eine Dauerernährung geeignet. Die enthaltenen Eiweiße sind noch feiner zerlegt, enthalten somit keine Allergene und dadurch schmeckt die Milch deutlich bitterer.

NUSS-, GETREIDE-, STUTEN- UND ZIEGENMILCH

Nuss-, Getreide- sowie Stuten- und Ziegenmilch sind für Säuglinge eigentlich als Milchnahrung ungeeignet, auch wenn sie früher manchmal nur damit überleben konnten. Heute weiß man jedoch, dass diese Milcharten für die kindlichen Nieren und das Verdauungssystem zu viele Mineralstoffe und Eiweiße enthalten. Vor allem sind sie nicht als Allergieprävention geeignet.

ROHMILCH

Rohmilch ist im 1. Lebensjahr aufgrund der möglichen Keime komplett tabu. Für die Zubereitung der Flaschenmilch können Sie Leitungswasser (sofern nicht aus Bleirohren und bei einem Nitratgehalt von unter 20 mg/l) oder für Säuglingsnahrung geeignetes Mineralwasser verwenden.

NICHT ÜBERFÜTTERN

Um den natürlichen Sättigungsmechanismus Ihres Kindes nicht zu stören, sollten Sie Ihr Baby nicht überfüttern. Bei flaschengefütterten Babys ist die Gefahr größer, dass sie oft mehr Nahrung abbekommen als Stillbabys. Es gibt zwar Richtwerte für Trinkmengen im entsprechenden Alter, wichtiger ist aber wirklich auf die Signale Ihres Kindes zu hören und einen gewissen Rhythmus einzuführen. Lediglich die Pre-Nahrung können Sie wie Muttermilch nach Bedarf füttern. Und: Bereiten Sie jede Mahlzeit frisch zu!

DAS DARF ICH JETZT WIEDER

UND DAS BLEIBT WEITERHIN TABU

ZWAR „ISST" IHR BABY JETZT NICHT MEHR ÜBER DIE NABELSCHNUR MIT, ABER SOFERN SIE STILLEN, BEKOMMT ES ÜBER DIE MUTTERMILCH DIREKT IHREN SPEISEPLAN PRÄSENTIERT UND GEWÖHNT SICH SCHON AN VERSCHIEDENE GESCHMÄCKER.

Meiden Sie nicht von vornherein Lebensmittel, weil Sie Bedenken haben, Ihr Baby könnte darauf allergisch reagieren. Manches kann tatsächlich Beschwerden wie Blähungen oder Wundsein hervorrufen, aber im Sinne der Allergieprophylaxe ist es besser, wenn Sie Ihr Kind beobachten und gegebenenfalls ausprobieren, einzelne verdächtige Lebensmittel nach und nach wegzulassen.

Die Ernährung einer stillenden Frau sollte sich im Vergleich zur Schwangerschaft insofern ändern, dass sie deutlich mehr Nahrungsenergie enthält. Auch der Nährstoffbedarf explodiert quasi. Manches kann aus Ihren Depots in die Muttermilch geschleust werden, anderes wiederum wird nur zu Ihrem Baby gelangen und es ausreichend versorgen können, wenn Sie es sich mit Ihrer Nahrung zuführen. Fast 30 % mehr an Energie – sprich Kalorien – müssen Sie während des Stillens täglich zu sich nehmen. Das ist eine ganze Menge, die Sie mit sinnvollen gesunden Lebensmitteln, am besten durch eine weitere Hauptmahlzeit oder zwei zusätzliche Zwischenmahlzeiten, füllen sollten.

Der Mehrbedarf an Eiweiß liegt auch bei rund 30 % im Vergleich zu Nicht-Stillenden. Da die Muttermilch sehr eiweißreich ist, muss natürlich auch die Zufuhr erhöht werden, um diesem Bedarf gerecht zu werden. Wenn Sie gute Kombinationen wählen (siehe Seite 26), dann können Sie Ihrem Körper ein Optimum an Eiweißen zuführen, ohne dabei in die Fettfalle zu tappen.

Apropos Fett – sofern Sie sich von „guten" Fetten ernähren, kommt das auch Ihrem Kind über die Muttermilch zugute. Denn sie spiegelt ziemlich genau das Fettmuster wieder, das auch Sie zu sich nehmen. Und je besser die Fette, sprich je mehr Omega-3-Fettsäuren, desto besser für die Gehirnentwicklung Ihres Kindes. Essen Sie also fetten Seefisch und verwenden Sie Raps- und Leinöl zum Kochen.

Aus den mütterlichen Speichern werden Mineralstoffe und fettlösliche Vitamine für die Muttermilch zur Verfügung gestellt. Dadurch wird ein Mangel nicht Ihrem Kind, sondern erst mal Ihnen zur Last fallen. Ihr Bedarf steigt besonders bei Magnesium, Zink und Eisen. Bei den Vitaminen sollten Sie deutlich mehr Vitamin A und E und alle wasserlöslichen Vitamine aufnehmen, da diese nicht im Körper gespeichert werden können. Gute Lieferanten für Mineralstoffe und Vitamine sind auf den Seiten 26–27 zu finden. Achten Sie einfach auf regelmäßige Mahlzeiten mit vielen Obst- und Gemüseportionen, auch mal als Rohkost.

Alkohol, Nikotin und Koffein sollten Sie in der Stillzeit nach wie vor meiden. Wenn Sie auf Kaffee und andere koffeinhaltige Getränke nicht verzichten können, dann trinken Sie ihn kurz nach einer Stillmahlzeit, denn der Abbau von Koffein erfolgt binnen 3–5 Stunden und ist dann nicht mehr relevant für eine Belastung für Ihr Baby.

Alkohol und Nikotin sollten Sie wirklich in dieser Zeit noch komplett streichen – beides geht eins zu eins in die Muttermilch über und kann von Ihrem Baby nicht abgebaut werden, ja es sogar schädigen.

Endlich – die Zeit der Einschränkungen, was keimfreies Essen anbelangt, ist vorbei. Toxoplasmose, Listeriose und Salmonellen sind passé, denn sie werden nicht über die Muttermilch übertragen. Roher Fisch, Sushi, Matjes stehen Ihnen nun wieder zum Verzehr bereit. Genießen Sie sie, denn die darin enthaltenen wertvollen Fettsäuren gehen in die Muttermilch über und sind besonders gut für Babys Gehirnentwicklung.

Rohmilch kann zwar EHEC enthalten und auch über die Muttermilch zum Kind gelangen, das Risiko ist aber so gering, dass Sie auch beim Rohmilchkäse wieder zulangen können. Und auch rohes Fleisch in jeglicher Form, egal ob als Tatar, Carpaccio und rare oder rosig gebratenes Steak, es gibt hier keine Tabus mehr.

LEBENSMITTEL

UND IHRE WIRKUNG AUF DIE MUTTERMILCH

ES GIBT LEBENSMITTEL, DIE ETWAS BEI IHREM BABY AUSLÖSEN KÖNNEN, SOWOHL IM POSITIVEN, ALS AUCH IM NEGATIVEN. WAS TUT DEM BABY ÜBER DIE MUTTERMILCH GUT UND WAS NICHT SO SEHR?

Über die Muttermilch bekommt Ihr Baby eins zu eins die meisten Aromen und Stoffe mit, die sich auch auf seinen Kreislauf und seine Verdauung auswirken – ganz so, wie manches Nahrungsmittel auch bei uns eine Reaktion auslöst.

BLÄHUNGEN

- Hülsenfrüchte und Kohlgemüse können blähend wirken, ebenso Knoblauch und Zwiebeln.
- Dagegen helfen können auch Kräuter und Gewürze über die Muttermilch, wie z. B. Fenchel, Anis, Kümmel, Ingwer, Kardamom, Zimt.

WUNDER PO

- Ein wunder Po kann durch exotische, säurehaltige Früchte, wie Ananas, Kiwi, aber auch Erdbeeren sowie Zitrusfrüchte, Tomaten oder Früchtetees, ausgelöst werden. Scharfes Essen mit Chili, viel Pfeffer, scharfem Curry, Ingwer oder Peperoni können auch zu Hautreizungen beim Baby führen.
- Gut tut dem wunden Po, wenn Sie mildes Obst, wie Melone, Birne oder säurearme Äpfel, essen. Lassen Sie viel frische Luft an die Haut, zudem ist Muttermilch ein Allheilmittel ebenso wie Heilwolle. Beides können Sie auf den wunden Po geben.

UNRUHE

- Unruhe kann dagegen durch Koffein in Kaffee, Tee oder Cola oder durch Alkohol ausgelöst werden, welche Sie strikt meiden sollten, wenn Ihr Baby nicht zur Ruhe kommen kann.
- Beruhigend auf das Baby können Melisse, Lavendel, Verbene (Eisenkraut) und Vollkorngerichte wirken.

MILCHBILDUNG

- Milchbildend sind Mandeln, Nüsse, warme Getränke und Getreidespeisen (Grießbrei, Müsli, Hirse, z. B. Hirseporridge von Seite 113). Ebenso Hefeprodukte – aber nicht zu viel, sonst kann es eventuell zu blähender Wirkung kommen (z. B. auch Malzbier, allerdings enthält es viel Zucker und leere Kalorien).
- Auch Gewürze und Kräuter wirken milchbildend: Anis, Fenchel, Kümmel und Kreuzkümmel sowie Basilikum und Dill.

ZU VIEL MILCH UND MILCHSTAU

- Bei zu viel Milch oder Milchstau können Salbei und (Pfeffer-)Minze helfen, ebenso Quarkwickel, die Sie sich um die Brust legen.
- Wenn es dann so weit ist, dass Sie Ihr Baby abstillen möchten bzw. müssen, dann können Sie die oben genannten Kräuter auch gezielt einsetzen, um die Milchmenge zu reduzieren.

ABSTILLEN UND ABNEHMEN

HOLEN SIE SICH IHREN KÖRPER ZURÜCK

SO SCHÖN DIE STILLZEIT MIT IHREM BABY AUCH WAR, IRGENDWANN WIRD IHR KIND IHRE BRUST NICHT MEHR BRAUCHEN. WANN DIESER ZEITPUNKT KOMMT, HÄNGT NUR VON IHREM BABY UND IHNEN AB.

ABSTILLEN

Irgendwann wird auch die Zeit kommen, wo Ihr Kind sich quasi selbst versorgt, sprich selber Nahrung zu sich nimmt und auf die Muttermilch nicht mehr oder nur noch minimal angewiesen ist. Wann es so weit ist, entscheiden ganz alleine Sie und Ihr Baby. Es gibt zwar Empfehlungen, wie lange bzw. wie intensiv gestillt werden sollte. Aber Stillen muss zu Ihnen und Ihrem Alltag passen. Wenn Sie und Ihr Kind bereit sind, den Schritt des Abstillens zu gehen, dann brauchen Sie vermutlich ein wenig Hilfe. In manchen Fällen ist es aus medizinischer Sicht nötig, dass Sie früher als geplant abstillen. Dann braucht Ihr Kind alternativ Flaschennahrung. Es kann hilfreich sein, wenn zu Beginn des Übergangs Stillen-zu-Flasche eine andere Person das Füttern übernehmen kann.

Bestenfalls stillen Sie ab, wenn Ihr Kind mehr und mehr Beikost zu sich nimmt. Das ist in den meisten Fällen im Laufe des zweiten Lebenshalbjahres Ihres Kindes. Es isst volle (Brei-)Mahlzeiten und Sie stillen vermutlich nur noch ein bis zweimal am Tag (morgens und abends). Dann wird sich ein „natürliches", schleichendes Abstillen einstellen – das ist meist für Mutter und Kind die beste Lösung. Keiner muss abrupt auf das lieb gewonnene Ritual verzichten und es wird sich mit der Entwicklung Ihres Kindes optimal vereinbaren lassen. Auch Sie werden es genießen, Ihren Körper wieder ganz für sich allein zu haben. Manche Kinder übernehmen auch einfach die Entscheidung und verweigern die Brust. Sofern das zu diesem „späten" Zeitpunkt geschieht, können Sie ruhig darauf eingehen. Verweigert Ihr Kind allerdings schon früh die Muttermilch, hat es vermutlich andere Gründe. Stress, Störungen, übermäßiger Sport, scharfe Ernährung, Lebensmittel wie Spargel oder Knoblauch und intensiv riechende Parfums oder Deos könnten der Grund dafür sein – lassen Sie sich in diesem Fall von Ihrer Hebamme helfen.

ABNEHMEN

Viele Mütter brauchen sich über das Abnehmen nicht intensiv Gedanken zu machen. Die Zeit des Stillens hat an Ihrem Körper genagt und gezehrt, und sie haben ihr Normalgewicht „von ganz von alleine" wieder erreicht. Glückwunsch, wenn Sie zu diesen Frauen gehören. Anders sieht es bei Frauen aus, die mit Ihrem Gewicht kämpfen und jedes Pfund mühsam runterbringen müssen. Aber auch das wird Ihnen gelingen, mit ein paar Ratschlägen, ein wenig Konsequenz und Durchhaltevermögen.
Nicht nur das überflüssige Zuviel-Gewicht stört die meisten Frauen, sondern auch die anderen Veränderungen, die ihr Körper während der Schwangerschaft und Stillzeit mit- und durchgemacht hat. Bänder und Muskeln wurden gedehnt, das Bindegewebe ist weniger straff und die ursprüngliche Figur ist futsch. Zwei wichtige Bausteine sollten Sie bei Ihrer Gewichtsreduktion und Rückeroberung Ihrer Körperfitness stets im Blick haben. Nur die Kombination aus beiden ist sinnvoll und zielführend. Diese Bausteine heißen Ernährung und Bewegung.
Ernährung zum einen spielt auch nach der Stillzeit wieder eine wichtige Rolle, denn es geht jetzt allein um Ihren Körper. Sie haben einen verringerten Energiebedarf, weil das Stillen wegfällt. Das sollten Sie unbedingt beachten und sich klar machen, dass Sie in Zukunft wieder auf Ihre „normale" Kalorienzufuhr achten. Sparen Sie bei den Lebensmitteln nicht an den falschen Stellen. Zwar sind Fette als Kalorienbomben bekannt, wenn Sie bewusst auswählen und auf die richtige Qualität achten, dann können Sie Ihrem Stoffwechsel damit aber Gutes tun. Vor allem hochwertige native Pflanzenöle, Nüsse und Samen und fette Seefische sind reich an essenziellen, also guten Fettsäuren. Auch bei den Kohlenhydraten sollten Sie auf die schnellen Kohlenhydrate

verzichten und stattdessen lieber zu komplexen Kohlenhydraten und ballaststoffreichen Lebensmitteln greifen. Kombinieren Sie also bewusst die gesunden guten Lebensmittel miteinander und verzichten Sie auf leere Kalorien.
Weitere Ideen zur leichteren Gewichtsreduktion: Verzichten Sie auf Zwischenmahlzeiten und achten Sie bewusst auf längere Pausen zwischen den Mahlzeiten. An diesen Hauptmahlzeiten sollten Sie sich satt essen. Achten Sie aber auf entsprechende „Abnehmgerichte“ mit begrenzten Kalorienmengen. Bitte kasteien Sie sich vor allem nicht, genießen Sie Ihre Mahlzeiten und gönnen Sie sich lieber direkt im Anschluss an beispielsweise das Mittagessen eine kleine „Belohnung“. Denken Sie daran, dass Sie nun Ihre Essgewohnheiten aus der Schwangerschaft und Stillzeit ablegen und sich neue, am besten gesunde Gewohnheiten antrainieren.
Der zweite Baustein heißt Bewegung. Nur so kommen Sie wieder in Form. Bevor Sie anfangen, intensiv Sport zu treiben, ziehen Sie erste sanfte Rückbildungsgymnastik in Erwägung. Ihre Hebamme oder Ihr Frauenarzt geben dafür grünes Licht und helfen Ihnen auch bei der Auswahl eines geeigneten Angebots. Dort wird die Beckenbodenmuskulatur gestärkt, die Rückbildung der Gebärmutter unterstützt und die Bauchmuskeln werden sanft trainiert. Sie gewöhnen sich langsam und mit leichten Übungen für Ihre Körperform und -fitness wieder an sportliche Betätigungen. Aber nicht nur spezielle Sportarten machen Sie wieder fit. Tun Sie sich und Ihrem Kind etwas Gutes – verbringen Sie viel Zeit an der frischen Luft, beispielsweise beim (schnellen) Spazieren mit dem Kinderwagen. Oder bei Gymnastik, Yoga oder beim Schwimmen mit Baby. Viele Alltagserledigungen lassen sich auch gezielt zu Fuß oder mit dem Fahrrad erledigen – so kommen Sie ganz nebenbei in Bewegung.

Bewegung an der frischen Luft tut Ihnen und Baby gut.

STILLREZEPTE

Powernahrung für eine fordernde Zeit – Sie brauchen jetzt kräftigende und satt machende Speisen. Auch Ihr Kleines isst von nun an direkt mit. Die Muttermilch bietet Ihrem Säugling eine maßgeschneiderte Nahrung zum perfekten Wachsen und Gedeihen.

GESUND DURCH DEN STILLTAG

TIPPS FÜR FÜNF LECKERE MAHLZEITEN

GERADE IN DER STILLZEIT SORGT GESUNDE ERNÄHRUNG FÜR DAS EXTRA-QUANTUM AN MAMA-POWER. DAFÜR MUSS NICHT IMMER AUFWENDIG GEKOCHT WERDEN. ANREGUNGEN, WIE SIE AUSGEWOGEN UND RELAXT DURCH DEN TAG KOMMEN, FINDEN SIE HIER.

MORGENS

Gerade in der Stillzeit ist es morgens wichtig, die Wasser- und Energiespeicher wieder aufzufüllen. Weil Sie, zumindest in der Anfangszeit, auch nachts stillen werden, ist es ratsam, sich eine Thermoskanne mit Tee oder eine Flasche mit Wasser neben das Bett zu stellen und während oder nach den Stillmahlzeiten eine Tasse bzw. ein Glas zu trinken. Nach der morgendlichen Stillmahlzeit sind Sie aber dann erst einmal an der Reihe. Am besten bekommen Sie schnelle Energie aus einem gehaltvollen Müsli, vielleicht auch schon eingeweicht über Nacht (siehe Seite 110), mit viel Obst und reichlich Joghurt. Vielleicht ist Ihnen auch mehr nach herzhaftem Frühstück, dann können Sie beispielsweise zwei, drei Scheiben Vollkornbrot mit Avocadomus bestreichen und mit Putenbrust belegen, dazu reichlich Tee oder ein, zwei Tassen Malzkaffee.

ZWISCHENMAHLZEIT

Gönnen Sie sich zwischendrin einen frisch zubereiteten Smoothie aus frischem Obst und/oder Gemüse, das gibt richtig Power und macht gute Laune. Oder Sie legen sich in einem ruhigen Moment einen kleinen Vorrat an schnellen Snacks, quasi einen Weckglasvorrat, an. Diese kleinen Gläschen lassen sich gut verschließen und im Kühlschrank aufbewahren und stehen dann parat, wenn Sie dringend Energie brauchen. Egal, ob Sie sie mit Milchreis oder Grießbrei füllen und zum Verzehr mit einer zuckerarmen Fruchtsauce garnieren oder herzhafte Snacks vorziehen und Reis- oder Kartoffelsalat (z. B. von den Seiten 133 und 129) einfüllen, Sie haben stets eine gesunde und leckere Snackvariante parat.

MITTAGS

Eine wertvolle warme Mahlzeit ist meist besser als belegte Brote. Fürs Frischkochen fehlt jungen Müttern jedoch oft die Zeit und die Muße. Daher finden sich im Buch leckere Vorratsrezepte (siehe Seiten 44, 52, 80, 82 und 88), auf die Sie jetzt zurückgreifen können. Oder weichen Sie auf einfache und schnelle Fixmahlzeiten (siehe Seiten 44, 46, 48, 76, 78, 82, 86, 112, 120 122, 132 und für den Vorrat auf den Seiten 44, 52, 80, 88 und 130) aus diesem Buch aus.

ZWISCHENMAHLZEIT

Nachmittags kommt nicht selten ein kleines Müdigkeitstief auf. Das können Sie getrost mit einem Obstsnack, einem Becher Joghurt oder einem großen Milchshake umschiffen. Und dann geht es raus an die frische Luft, das vertreibt ebenfalls Kraftlosigkeit und bringt Ihnen und Ihrem Kind eine Extraportion Sauerstoff.

BEIM STILLEN

Während des Stillens lässt sich perfekt nebenher genießen. Jetzt haben Sie ein wenig Ruhe und können eine kleine Zwischenmahlzeit und vor allem ein Heißgetränk sowie auf jeden Fall ein Glas Wasser zu sich nehmen. Stellen Sie sich eine Thermoskanne mit Stilltee oder eine Karaffe mit Kräuterwasser (siehe Seite 35) und ein Schüsselchen Powerfutter (Nüssemischung oder Knabbermix, Seiten 20–21) parat. Wenn Sie mal wieder zu wenig Zeit zum richtigen Essen hatten, dann können Sie wenigstens nebenher ein wenig knabbern und Ihre Depots füllen.

ABENDS

Genuss ist jetzt angesagt. Der Tag war anstrengend, Sie haben gestillt und gewickelt, und nun ist es Relax-Zeit. Vielleicht kocht ja der Partner für sie beide ein leckeres Gericht, einen Seelenschmeichler. Wer mittags schon eine warme, vollwertige Mahlzeit hatte, kann je nach Jahreszeit auch mal auf eine kalte Brotzeit ausweichen. Auch schnelle Suppen oder eine feine Portion Pasta geben genug Energie für alle Stillenden.

QUARK

MIT HONIG, APFEL UND AMARANTH

⇨ MILCHBILDEND UND SATTMACHEND
FÜR 1 PORTION 🕒 10 MINUTEN

SO WIRD'S GEMACHT

1 Den Apfel waschen, vom Kerngehäuse befreien und mit der Schale grob raspeln. Die Walnüsse und Pistazien grob hacken. Den Quark mit dem Honig und dem Leinsamen glatt rühren, Apfel, Walnüsse und Pistazien untermischen und, mit den Amaranthpops bestreut, servieren.

ZUTATEN

- 1 kleiner Apfel
- 4 Walnusshälften
- 1 EL Pistazien
- 150 g Quark (mager oder 20 % Fett)
- 1 TL Honig
- 1 EL geschroteter Leinsamen
- 2 EL Amaranthpops

GRÜNES RAGOUT
MIT REIS

FÜR 2 PORTIONEN 25 MINUTEN

SO WIRD'S GEMACHT

1 Den Tofu in Würfel schneiden. Die Zitrone heiß abwaschen und die Schale fein abreiben, Saft auspressen. Beides mit dem Tofu und etwas Salz und Pfeffer mischen. Den Fenchel putzen, waschen und in Streifen schneiden. TK-Erbsen auftauen. Zucchini waschen und in mundgerechte Stücke schneiden.

2 Den Reis mit der doppelten Menge Wasser und den Nelken zum Kochen bringen, nach Packungsangabe garen und bei ausgeschaltetem Herd ausquellen lassen. Den Ingwer schälen und fein würfeln. Das Öl in einer Pfanne erhitzen, den Ingwer kurz anbraten, dann den Tofu ohne Saft zugeben und scharf anbraten, dann bei mittlerer Hitze 3–4 Minuten weiterbraten. Fenchel und Zucchiniwürfel zugeben und weitere 5 Minuten braten, bis alles goldbraun ist. Kokosmilch und Zitronensaft angießen, Erbsen zugeben und einmal aufkochen lassen. Mit Currypulver, Salz und Pfeffer würzen, dann ca. 5 Minuten zugedeckt bei mittlerer Hitze köcheln.

3 Inzwischen den Koriander waschen und die Blättchen fein hacken. Zum Servieren das Ragout damit bestreuen und mit Basmatireis anrichten.

TIPP

Sollte Saison für frische Erbsen sein, dann verwenden Sie unbedingt diese, das gibt ein extra Frische- und Geschmackserlebnis. Die Erbsen aus der Schote pulen, waschen und wie die TK-Erbsen zum Ragout geben.

ZUTATEN

200 g Tofu
½ Zitrone
1 Fenchelknolle
100 g Erbsen
1 Zucchini
120 g Basmatireis
2 Nelken
1 Stück Ingwer (ca. 1 cm) nach Belieben
1 EL Kokos- oder Olivenöl
200 ml Kokosmilch
1 TL Currypulver nach Belieben
½ Bund Koriander oder Petersilie
Salz
Pfeffer

HÜHNERSUPPE
FÜR DEN VORRAT

⇨ MILCHBILDEND
FÜR 6 PORTIONEN 30 MINUTEN KOCHZEIT: ETWA 2 STUNDEN

SO WIRD'S GEMACHT

1 Das Huhn innen und außen waschen. Die Zwiebel schälen und halbieren. Sellerie, Karotten, Petersilienwurzel schälen und grob zerkleinern. Die Petersilie waschen und 2 Stängel beiseitelegen. Den Suppentopf erhitzen, die Zwiebelhälften mit der Schnittfläche nach unten hineinlegen und 2–3 Minuten braten, bis die Seiten gebräunt sind, dann die Fenchelsamen darin kurz anbraten. Gemüse, Petersilie, Huhn, Zimt und Lorbeerblätter sowie 2 TL Salz zugeben und alles mit etwa 1½ l Wasser bedecken. Aufkochen lassen und zugedeckt bei kleiner Hitze ca. 2 Stunden köcheln lassen.

2 Inzwischen die Karotte für die Einlage schälen, Fenchel putzen und waschen und beides in feine Streifen bzw. Stückchen schneiden. Nach Ende der Garzeit das Huhn aus der Suppe nehmen, die Brühe durch ein Sieb in einen zweiten Topf umgießen. Die Karotten- und Fenchelstreifen und die Suppennudeln zugeben und nach Packungsangabe der Nudeln garen.

3 Das Fleisch nach Belieben von den Knochen lösen und zerkleinert als Einlage in die Suppe geben. Das gekochte Gemüse nach Belieben durch ein Sieb streichen und zur Brühe geben. Die Petersilienblättchen von den Stängeln zupfen und grob hacken. Zur Suppe geben und mit Zitronensaft abschmecken.

TIPP

Die Brühe kann auch gut eingefroren werden und als Grundlage für vielerlei klare oder Gemüsesuppen dienen.

ZUTATEN

1 Suppenhuhn (am besten Bio, ohne Innereien)
1 Zwiebel
½ Knollensellerie
2 Karotten
1 Petersilienwurzel
1 Bund Petersilie
1 EL Fenchelsamen
½ Zimtstange
2 Lorbeerblätter
Salz

für die Einlage

1 Karotte
½ Fenchelknolle
100 g Dinkel-Suppennudeln oder Nudeln nach Wahl
1–2 EL frisch gepresster Zitronensaft

UNIVERSALDRESSING

FÜR 6 PORTIONEN · 5 MINUTEN
IM KÜHLSCHRANK 1–2 WOCHEN HALTBAR

350 g Joghurt, 4 EL Orangensaft, 4 EL Apfelessig, 1 EL Senf, 2 EL Rapsöl, 1 EL Honig, 3 EL gehackte Kräuter nach Belieben (gemischt oder pur), Salz und Pfeffer in einem Marmeladenglas kräftig durchschütteln.

BROTSALAT
MIT ARTISCHOCKEN, PAPRIKA UND KRÄUTERN

FÜR 2 PORTIONEN ⌚ 20 MINUTEN

SALATE UND VORRATS-DRESSING

SO WIRD'S GEMACHT

1 Das Ciabatta in mundgerechte Stücke schneiden. Die Artischockenherzen abtropfen lassen. Paprikaschote waschen, putzen, Strunk entfernen, vierteln und in schmale Streifen schneiden. Die Austernpilze putzen und ebenfalls in Streifen schneiden. Die Zwiebel (je nach Verträglichkeit) schälen und in schmale Spalten schneiden. Rosmarin waschen, trocken schütteln und die Nadeln abzupfen. Die Sprossen waschen und abtropfen lassen.

2 2 EL Öl in einer Pfanne erhitzen und die Zwiebelspalten mit dem Rosmarin darin glasig dünsten. Dann Paprika und Pilze zugeben und bei starker Hitze 3–4 Minuten kräftig anbraten. Das Gemüse in eine Salatschüssel geben und das restliche Öl in der nun leeren Pfanne erhitzen. Die Brotwürfel darin ca. 5 Minuten kross anbraten und ebenfalls in die Schüssel geben. Artischocken gegebenenfalls klein schneiden und mit den Sprossen zum Brot-Gemüse-Mix geben. Alles mit den beiden Essigsorten mischen, würzen, kurze Zeit ziehen lassen und servieren.

ZUTATEN

1 kleines Ciabatta vom Vortag (oder Vollkornbrot, ca. 200 g)

1 Glas Artischockenherzen (Abtropfgewicht ca. 240 g)

1 rote Paprikaschote

200 g Austernpilze

1 Zwiebel nach Belieben

1 Stängel Rosmarin

30 g Radieschensprossen (oder andere Sprossen nach Belieben)

4 EL Olivenöl

1 EL Rotweinessig

1 EL Apfelessig

Salz

Cayennepfeffer

RADICCHIO
MIT PUTENSTREIFEN UND GETROCKNETEN FEIGEN

⇨ STÄRKT DIE ABWEHRKRÄFTE
FÜR 2 PORTIONEN ⌚ 10 MINUTEN

SO WIRD'S GEMACHT

1 Den Radicchio putzen, waschen und in schmale Streifen schneiden. Die Putenbrust in feine Streifen schneiden und die Feigen ebenfalls klein schneiden. Die Pinienkerne in einer Pfanne ohne Fett rösten, bis sie duften.

2 Zum Servieren Radicchio, Putenbrust und Feigen auf zwei Tellern anrichten, mit dem Dressing beträufeln und mit den gerösteten Pinienkernen bestreuen.

ZUTATEN

1 kleiner Radicchio (ca. 150 g)

100 g geräucherte Putenbrust am Stück

3 getrocknete Feigen

1 EL Pinienkerne

3–4 EL Universal-Salat-Dressing

RISOTTO

DER SEELENSCHMEICHLER IN VIER VARIANTEN

FÜR 2 PORTIONEN 20 MINUTEN

SO WIRD'S GEMACHT

1 Karotte und Zwiebel schälen, Staudensellerie putzen, waschen und alles im Universalzerkleinerer fein hacken. Das Öl in einem großen Topf erhitzen, Gemüse darin glasig braten, Risottoreis zugeben und auch glasig braten. Mit Brühe ablöschen, sodass der Reis gerade bedeckt ist. Unter Rühren immer wieder Brühe nachgießen, bis der Reis bissfest ist.

2 Parmesan und Butter erst kurz vor dem Servieren untermischen. Abgekühlt in gut verschließbare Frischhalte- oder Vorratsdosen füllen und im Kühlschrank aufbewahren.

ZUTATEN

für das Basisrezept

1 Karotte

1 kleine Zwiebel

2 Stangen Staudensellerie

1 EL Olivenöl

250 g Risottoreis

900 ml Gemüse- oder Hühnerbrühe

zum Servieren pro Portion

1 EL frisch geriebenen Parmesan

1 TL Butter

für jede Variante

1 Portion Risotto im Wasserbad oder der Mikrowelle erhitzen.

RUND UMS JAHR

FRÜHLING

mit Fenchel, grünem Spargel und Zitrone

½ Fenchelknolle putzen, waschen und in Streifen schneiden. 100 g grünen Spargel waschen und in mundgerechte Stücke schneiden. Beides in 1 EL Rapsöl anbraten, Schale von einer Viertel gut gewaschenen Zitrone dazureiben und 1–2 EL Zitronensaft unter den Risotto mischen. Mit dem Gemüse servieren.

SOMMER

mit Tomaten, Zucchini und Basilikum

1 Tomate und 1 kleinen Zucchini, beides gewaschen und in kleine Würfel geschnitten, in 1 EL Olivenöl anbraten und ca. 4 Minuten dünsten. Mit Salz und Pfeffer würzen. Basilikum waschen und in Streifen schneiden. Zusammen mit dem Gemüse zum Risotto servieren.

HERBST

mit Pilzen, Kürbiswürfeln und Kürbiskernen

4 Steinchampignons putzen und in Scheibchen schneiden. 100 g Kürbisfleisch fein würfeln. In 1 EL Olivenöl scharf anbraten, mit etwas Brühe begießen, salzen, pfeffern und ca. 10 Minuten köcheln lassen. 2 EL Kürbiskerne in einer Pfanne ohne Fett rösten. Das Gemüse mit dem Risotto servieren. Mit Kürbiskernen und 1 EL Kürbiskernöl garnieren.

WINTER

mit Pastinake und Speck

1 kleine Pastinake schälen und in feine Streifen hobeln. 2 Scheiben Bacon ebenfalls in feine Streifen schneiden. Speck in einer Pfanne auslassen, bis er kross ist, herausnehmen und die Pastinaken im Bacon-Fett ca. 5 Minuten bei starker Hitze unter Rühren braten. Risotto mit den Pastinaken und dem Speck servieren und nach Belieben mit gehobeltem Parmesan garnieren.

WRAP
MIT KAROTTENHUMMUS

FÜR 4 PORTIONEN 20 MINUTEN

SO WIRD'S GEMACHT

1 Für den Hummus die Kichererbsen abgießen und gut abtropfen lassen. Die Karotte schälen und fein reiben. Kichererbsen mit Tahin, Kreuzkümmel, Zitronensaft, Öl, Salz und Pfeffer fein pürieren und die geriebene Karotte untermischen.

2 Für die Wraps die Paprika waschen, putzen und in dünne Streifen schneiden. Das Öl in einer Pfanne erhitzen, Paprika darin scharf anbraten und mit Sojasauce würzen. Salatblätter waschen und gut trocken schütteln, Sprossen ebenfalls waschen und gut abtropfen lassen.

3 Die Tortillafladen mit je ¼ des Hummus bestreichen, dabei rundherum einen ca. 3 cm breiten Rand frei lassen. Die Paprikastreifen darauf verteilen, mit je 1 Scheibe Käse und Schinken belegen, dann Salatblätter und Sprossen darauf verteilen und bei jedem Wrap die Seitenränder über die Füllung schlagen und die Wraps von unten nach oben so fest wie möglich einrollen und genießen.

ZUTATEN

für den Karottenhummus

1 Dose Kichererbsen (Abtropfgewicht 240 g)
1 Karotte
2 EL Tahin (Sesammus)
etwas gemahlener Kreuzkümmel
1 EL Zitronensaft
2 EL Sesam- oder Olivenöl
Salz
Pfeffer

für 2 Wraps

½ rote Paprikaschote
1 TL Sesam- oder Olivenöl
1 EL Sojasauce
3–4 Salatblätter (oder 40 g Rucola)
Sprossen nach Belieben (z. B. Alfalfa)
2 Tortillafladen (Wrapfladen)
2 Scheiben Ziegengouda
2 Scheiben Serranoschinken (oder anderer luftgetrockneter Schinken)

TEIGTASCHEN
MIT ZWEIERLEI FÜLLUNG

⇨ FLEXIBEL, VARIABEL, ZUM EINFRIEREN
FÜR 10 TEIGTASCHEN 🕓 55 MINUTEN 🕓 GEHZEIT: MIND. 1 STUNDE

SO WIRD'S GEMACHT

1 Für den Hefeteig die Hefe mit 50 ml lauwarmem Wasser, Honig und 1 TL Salz verrühren und ca. 10 Minuten quellen lassen. Dann das Mehl und weitere 150–200 ml Wasser zugeben und zu einem lockeren, homogenen Hefeteig verkneten. Zugedeckt an einem warmen Platz ca. 50 Minuten gehen lassen.

2 Für die Kürbis-Füllung das Kürbisfleisch in kleine Würfel schneiden. Das Öl in einer Pfanne erhitzen, Kürbis darin anbraten, die Erbsen zugeben und ca. 5 Minuten bei schwacher Hitze dünsten. Den Feta mit einer Gabel zerdrücken, Kürbis und Erbsen zugeben und mit Salz und Pfeffer kräftig würzen.

3 Für die Tomaten-Füllung das Öl in einer Pfanne erhitzen, das Hackfleisch darin in ca. 5 Minuten krümelig braten. Die Paprikaschoten fein würfeln. Die Petersilie waschen, trocken schütteln und die Blättchen fein hacken. Das Hackfleisch in eine Schüssel geben, das Tomatenmark unterrühren und Paprika und Petersilie ebenfalls gut untermischen. Mit Salz und Pfeffer kräftig würzen.

4 Den Backofen auf 180 °C vorheizen und ein Backblech mit Backpapier belegen. Den Teig in 10 Portionen teilen und auf etwas Mehl zu kleinen Fladen mit ca. 15 cm Durchmesser ausrollen. Jeweils eine Füllung auf den Hälften der 10 Fladen verteilen, die andere Hälfte darüberklappen und mit einer Gabel die Ränder festdrücken. Auf das Backblech legen, ein Ei verquirlen und die Teigtaschen damit bestreichen. Im heißen Ofen 25–30 Minuten goldbraun backen.

TIPP

Sie können die Teigtaschen einfrieren, dann bietet es sich an, sie im ungebackenen Zustand auf ein Tablett o.Ä. zu geben, gefrieren zu lassen und dann in einem Gefrierbeutel aufzubewahren. Zum Verzehr müssen Sie sie dann einfach in den heißen Ofen legen und ca. 35–40 Minuten backen. Wenn Sie sie lieber einzeln verzehren möchten, dann wäre der Aufwand für eine Teigtasche den Ofen 40 Minuten laufen zu lassen zu groß. Frieren Sie sie dazu lieber im gebackenen Zustand ein und backen Sie sie zum Verzehr im heißen Ofen in ca. 15 Minuten wieder auf.

ZUTATEN

für den Grundteig

20 g Hefe
1 TL Honig
500 g Dinkel- oder Weizenmehl
Mehl für die Arbeitsfläche
Salz

Kürbis-Erbsen-Feta-Füllung für 10 Taschen

250 g Kürbisfleisch
1 EL Olivenöl
100 g Erbsen (frisch oder TK)
150 g Feta
Salz
Pfeffer

Tomaten-Paprika-Hackfleisch-Füllung für 10 Taschen

1 EL Rapsöl
300 g Hackfleisch
150 g eingelegte, gegrillte Paprikaschoten
1 Bund Petersilie
2 EL Tomatenmark
Salz
Pfeffer
1 Ei zum Bestreichen

MANGO-KOKOS-SMOOTHIE

EIN ERFRISCHENDER GENUSS

FÜR 1 PORTION ⏱ 5 MINUTEN

ZUTATEN

150 g Mango

1 Banane

100 ml Karottensaft

100 ml Kokosmilch

1 EL Erdmandelflocken oder gelber, geschroteter Leinsamen

100 ml eiskaltes (Mineral-)Wasser oder 3–4 Eiswürfel

SO WIRD'S GEMACHT

1 Mango und Banane schälen, Mangofleisch vom Kern schneiden, Obst zusammen mit den restlichen Zutaten in einem Mixer fein pürieren und in einem Glas servieren.

MANDELMILCH

ZUM ENTSPANNEN UND AUFTANKEN

⇨ MILCHBILDEND
FÜR 1 PORTION ⏱ 15 MINUTEN

ZUTATEN

1 Stängel Zitronenmelisse

200 ml Milch

1 EL Mandelmus

etwas Vanillemark

1 TL Honig

SO WIRD'S GEMACHT

1 Die Zitronenmelisse waschen und mit 50 ml kochendem Wasser übergießen, ca. 5 Minuten ziehen lassen.

2 In der Zwischenzeit die Milch aufkochen. Anschließend die Zitronenmelisse entfernen, das Kräuterwasser mit Milch, Mandelmus, Vanillemark und Honig fein pürieren und in einer Tasse genießen.

TIPP

Wer kein Mandelmus zur Hand hat, kann stattdessen auch 2 EL geschälte, gemahlene Mandeln in der Milch mitkochen und anschließend mitpürieren.

BABYBREIZEIT

Die ersten aufregenden Monate mit Kind sind nun vorbei. Sie kennen Ihren kleinen Schatz von hinten bis vorne und von oben bis unten. Achten Sie deswegen bei der Einführung der Beikost auf die Zeichen des Kindes. Dann werden Sie gemeinsam eine wundervolle Zeit des Entdeckens und Essenlernens erleben.

DAS BABY

UND DIE ENTDECKUNG DER LEBENSMITTEL

IRGENDWANN, GENAUER GESAGT UM DEN 5. ODER 6. MONAT, WIRD DIE ZEIT GEKOMMEN SEIN, DA IHR KIND SICH MEHR UND MEHR FÜR ANDERE DINGE ALS IHRE BRUST INTERESSIERT. WAS GIBT ES NICHT ALLES ZU ENTDECKEN!

Vielleicht schaut Ihr Baby schon ganz gespannt auf Ihre Speisen und fängt an zu schmatzen oder zu „kauen“, wenn es etwas zu essen sieht. Das ist der Moment, an dem Sie beginnen können, ihm erste Breinahrung anzubieten. Zu Beginn ist es wirklich nur ein erstes Herantasten. Denn auch das Essen vom Löffel will gelernt werden und erfordert ein wenig Übung. Geben Sie Ihrem Baby Zeit und seien Sie geduldig, dann wird es sein Interesse und seinen Spaß an der „festen“ Nahrung nicht verlieren.

Apropos feste Nahrung. In den letzten Jahren hat sich eine neue Herangehensweise bei der Beikosteinführung bei Babys entwickelt und ist mittlerweile in aller Munde. Das sogenannte „Baby-led weaning“ („Baby-geführte Entwöhnung“), kurz BLW. Hier wird das Baby nicht mit Brei und Löffel gefüttert, sondern isst von Anfang an feste Nahrung und zwar selbstbestimmt und selbst mit seinen Händen.

Es hat quasi „selbst in der Hand“, was und wie viel es essen möchte. Lassen Sie es wirklich alleine alles entdecken, nur Ihr Kind entscheidet, was in seinen Mund darf. Das Baby ist zu diesem Zeitpunkt tatsächlich motorisch schon in der Lage Stücke von Lebensmitteln, wie ein Stück Gemüse oder Brot, in der Hand zu halten.

Den Pinzettengriff lernen Kinder im Alter um den 8. Lebensmonat, und so sind sie dann auch bereit kleinere Dinge selbst aufzunehmen. Eine kleine Beere wird da schon zur Herausforderung. Das ist auch gut, denn so werden ganz nebenbei Hand- und Mundmotorik trainiert. Und Ihr Kind wird sich gezielt das herauspicken, was ihm spannend erscheint und was es ausprobieren möchte. Geben Sie ihm einfach das, was sowieso bei Ihnen auf dem Speiseplan an Zutaten steht. Die einzige Bedingung, die Sie als Eltern bedenken müssen, ist, dem Kind nur weiche bzw. vorgegarte Lebensmittel anzubieten, damit es sich nicht an harten Stücken verschlucken kann. Und bleiben Sie die ganze Zeit über bei Ihrem Baby, so können Sie schnell eingreifen, wenn es sich verschlucken sollte. Die gegessene Menge ist anfangs nebensächlich – hier geht es rein ums Entdecken von Fähigkeiten, von Lebensmitteln, von verschiedenen Konsistenzen und um den Forscherdrang – um das Entdecken mit allen Sinnen. Gerade in der Anfangszeit des BLW ist es deshalb wichtig, dass Sie Ihr Kind nach jeder „Mahlzeit“ stillen. Zum Start für diese Methode sind weich gegartes bzw. gedämpftes Obst (Birne, Apfel) sowie reife Bananen, weich gegartes bzw. gedämpftes Gemüse, am besten in Stickform (Kartoffeln, Kohlrabi, Karotten, Kürbis, Süßkartoffeln, Blumenkohl- und Brokkoliröschen, Zucchini), weich gekochte Nudeln und ganz weich gekochtes Fleisch und Fisch ohne Gräten, Fasern oder Ähnliches geeignet.

Auf dem Speiseplan eines Babys sollte unbedingt, egal welche Methode der Nahrungseinführung Sie wählen, auf beste Qualität der Lebensmittel geachtet werden. Nehmen Sie Bio-Produkte – auch die Babykosthersteller wählen zumeist biologisch angebaute Zutaten. Oder Sie kennen „Ihren“ (konventionell arbeitenden) Bauern und seine Anbaumethoden persönlich.

Immer wieder gibt es Kinder, die am liebsten dauergestillt werden würden und gar nichts von Brei und Co. wissen wollen. Machen Sie erst mal eine Pause mit dem Beikostfüttern und bieten Sie Ihrem Baby dann immer wieder aufs Neue Brei, immer ein kleines Löffelchen zum Probieren, an. Irgendwann wird es auf Ihre Vorschläge eingehen und Spaß daran finden. Spätestens zum Ende des ersten Lebenshalbjahres sollten Sie mit dem Breifüttern beginnen, denn dann werden die Eisenvorräte langsam knapp, und Ihr Kind braucht noch etwas anderes als Muttermilch als Quelle. Aber bis dahin wird es schon klappen. Das wichtigste Kriterium für ausreichende und die richtige Ernährung ist das Gedeihen Ihres Kindes. Denn wenn es zufrieden ist und zuverlässig an Gewicht zunimmt, dann scheint es noch ausreichend versorgt zu sein.

DAS BREIFÜTTERN

EIN GROBER FAHRPLAN

ÜBER DEN BEGINN DER BEIKOSTEINFÜHRUNG GIBT ES DIE UNTERSCHIEDLICHSTEN AUSSAGEN. EINEN GEWISSEN RAHMEN KANN MAN JEDOCH VORGEBEN, QUASI EINEN BABY-ERNÄHRUNGSPLAN.

Wie streng oder locker man sich an diesen Baby-Ernährungsplan hält, ist individuell. Sie kennen Ihr Kind am besten, und Sie sind es, die seine Zeichen und Signale am besten lesen können, also wann es bereit ist für die ersten Nahrungsversuche mit Brei. Stillen ist definitiv die beste Anfangsnahrung in den ersten Monaten für Ihr Baby, und sie sollte in dieser Zeit auch die alleinige Nahrung für Ihr Kleines sein. Wenn Sie merken, dass es sich um den 5. oder 6. Lebensmonat auch für das Essen der Großen interessiert, dann können Sie loslegen. Die Breikost sollte nach und nach anfangs wirklich in Minimengen eingeführt werden und sich langsam steigern. Allmählich werden die einzelnen Stillmahlzeiten, zuerst mittags, dann abends und anschließend nachmittags, ersetzt. Dieses frühe In-Kontakt-Bringen mit Lebensmitteln sowie die schrittweise Vorgehensweise und das langsame Vertrautmachen mit fester Nahrung sollen eine besonders gute Anti-Allergie-Methode sein.

TAGS UND NACHTS NACH BEDARF STILLEN

- Ihr Kind wird immer weniger Muttermilch brauchen, wenn es 3 volle Mahlzeiten zu sich nimmt. Es wird sich einfach weiterhin an der Nähe und den wohligen Momenten mit Ihnen „satt kuscheln" und nebenbei noch ein wenig trinken.
- Mit Einführung des Frühstücks und der vormittäglichen Zwischenmahlzeit wird das Stillen peu à peu komplett abgelöst. Wenn Sie aber weiterhin stillen möchten, dann tun Sie das – es sollte auf jeden Fall zu Ihnen, Ihrem Kind und Ihrem (Familien-)Alltag passen und für alle stimmig sein.

Was braucht man bzw. frau noch, um den Brei ins Kind zu bekommen? Ein Schälchen, ein Löffelchen und ein Lätzchen! Vor allem bruchsichere Schüsselchen aus Melamin, Kunststoff oder Holz bieten sich an, vor allem für die Zeit, wenn Ihr Kind selbstständig zu essen beginnt – je mehr davon desto besser. Ebenso bei den Löffeln, sie sollten schmal sein, damit sie gut ins Mündchen passen. Und bei den Lätzchen gibt es eine so große Auswahl, ob aus Frottee oder beschichtetem Stoff oder Kunststoff, ob mit Ärmelchen oder ohne, suchen Sie sich am besten Ihre Favoriten aus – auf jeden Fall ist auch hier ein gewisser Vorrat von Vorteil, da schnell etwas danebengekleckert ist …

MITTAGS AB DEM 5./6. MONAT

- Langsames Starten mit Gemüsebrei, das nach und nach mit Kartoffeln, Öl und Fleisch oder Fisch ergänzt wird.
- Anfangs noch nach dem Brei stillen und je größer die Mahlzeit wird, dann langsam diese Stillmahlzeit beenden.

NACHMITTAGS
FRÜHESTENS AB DEM 7. MONAT

- Wenn dann der abendliche Milchbrei komplett eingenommen wird, führen Sie den Getreide-Obst-Brei am Nachmittag ein.

FRÜHSTÜCK
FRÜHESTENS AB DEM 10./11. MONAT

- Sie beginnen langsam beispielsweise mit einem leckeren Müsli (siehe Seite 110) oder einem Stückchen Brot oder Brötchen mit süßem oder herzhaftem Aufstrich.

ABENDS
FRÜHESTENS AB DEM 6. MONAT

- Sobald Ihr Kind die volle Brei-Mittags-Mahlzeit zu sich nimmt und sich an den Gemüse-Kartoffel-Fleisch-Brei gewöhnt hat, können Sie mit dem abendlichen Milch-Getreide-Brei beginnen.

IN DEN ERSTEN 4 MONATEN
NACH BEDARF

- Muttermilch bzw. Flaschenmilch

BEIKOSTEINFÜHRUNG
SCHRITT FÜR SCHRITT

BEGINNEN SIE DIE BEIKOSTEINFÜHRUNG LANGSAM UND LASSEN SIE IHREM BABY ZEIT, SICH AN DIE NEUE KONSISTENZ UND DEN NEUEN GESCHMACK DER NAHRUNG ZU GEWÖHNEN. DER WEG ZUM FAMILIENESSEN ERFOLGT IN DREI BREIETAPPEN.

Ihr Kind muss sich weg von der Muttermilch erst mal komplett umstellen. Sowohl die Konsistenz als auch das benötigte Werkzeug sowie Geschmack und Temperatur sind völlig neu für Ihr Kleines. Um sich daran zu gewöhnen, müssen Sie ihm ein wenig Zeit lassen.
Die hier beschriebenen Grundrezepte können Sie nach Lust und Laune und natürlich nach dem Geschmack Ihres Babys zubereiten. Für die Zutatenauswahl können Sie sich an der Vorratsliste von Seite 19 orientieren.
Pürieren Sie gerade ganz am Anfang alles sehr, sehr fein, damit sich Ihr Baby nicht verschluckt. Im Laufe der Zeit können Sie die Konsistenz nach und nach gröber werden lassen, wenn Ihr Kind schon auf anderen Dingen ein wenig kauen mag oder es erste Zähne hat.

1 MITTAGS GEMÜSEBREI

Ca. 1 bis 2 Wochen wird es dauern, bis es die erste Schale r einen Gemüsebrei (ca. 100 g) komplett verzehrt. Dann können Sie ergänzen, Woche für Woche. Zunächst Kartoffeln (ca. 50 g) und Öl, z. B. Rapsöl (1 EL), weiterhin Fleisch (20–30 g) und Apfel- oder Orangensaft (2–3 EL). Wenn Sie Fleisch bei Ihrem Baby erst mal komplett weglassen möchten, dann geben Sie zum Gemüse-Kartoffel-Brei statt Fleisch Getreideflocken (z. B. Hirse oder Hafer, 1 EL), Wasser (2 EL) und Apfel- oder Orangensaft (2 EL). Statt Öl können Sie beim (vegetarischen) Brei durchaus auch mal auf Mandel- oder Sesammus (1 EL) zurückgreifen.
Wenn Sie die ersten Gemüsebreie zubereiten, können Sie nach 3 bis 4 Tagen auch mal die Gemüsesorte wechseln – aber bitte nicht alles durcheinander. Babys lieben zwar die Vielfalt, sie müssen sich aber erst einmal an die neue Art der Nahrungsaufnahme gewöhnen. Achten Sie bei der Zubereitung immer auf einwandfreie Hygiene und frische Zutaten. Und bei Karotten beispielsweise sollten Sie von jeder ein Stückchen testen, damit nichts bitter schmeckt, vor allem wenn Sie keine Freilandware bekommen.

2 ABENDS MILCH-GETREIDE-BREI

Für den abendlichen Milch-Getreide-Brei verwenden Sie am besten Vollmilch oder Pre-Milch (200 ml) und Vollkorn-Getreideflocken (z. B. Reis, Hafer, Hirse, Dinkel, Grieß oder Maisgrieß, Menge ca. 20 g). Dazu kommt Obstsaft oder Obstpüree (ebenfalls 20 g).
Diesen Brei können Sie entweder zum Trinken in der Flasche mit Obstsaft zubereiten oder Ihrem Baby mit dem Löffel füttern. Dazu sollten Sie ihn etwas dicker, z. B. mit Obstpüree, anrühren.
Die Säuglingsnahrungsflocken quellen je nach Hersteller dick- oder dünnflüssiger auf. Entscheiden Sie selbst, vielleicht wollen Sie gar keine Flasche einführen, weil Sie noch stillen. Falls doch, benötigen Sie für den dickflüssigen Brei in der Flasche einen Kreuzschlitzsauger. Probieren Sie einfach, was Ihnen am besten liegt, und entwickeln Sie ein Gefühl für die jeweiligen Mengen.

3 NACHMITTAGS GETREIDE-OBST-BREI

Als Nächstes folgt der Getreide-Obst-Brei am Nachmittag. Hierfür brauchen Sie Vollkorn-Getreideflocken (20 g), Wasser (90 ml) sowie Obstpüree (100 g) und Fett (Butter oder Rapsöl, 1 TL).
Gerne können Sie rohes Obst dafür verwenden, es sollte nur weich sein. Und: Reines Obstpüree aus dem Glas allein macht nicht satt.

ZUSÄTZLICH TRINKEN

Sobald Ihr Kind feste Nahrung in nennenswerten Mengen zu sich nimmt, also wenn der dritte Beikostbrei eingeführt ist, dann sollten Sie ihm zusätzlich etwas zum Trinken anbieten. Am besten eignet sich Wasser, in unseren Regionen gerne Leitungswasser, das ist streng kontrolliert. Lassen Sie es so lange ablaufen, bis es kalt aus der Leitung kommt. Oder Sie nehmen stilles salzarmes, für Säuglingsnahrung geeignetes Mineralwasser (max. 10 mg Nitrat, 20 mg Natrium und 1,5 mg Fluorid).
Bei Tees und Fruchtsäften ist Vorsicht geboten. Bitte keine gesüßten Instanttees verwenden, sondern stattdessen lieber frisch aufgebrühte milde Kräutertees, vor allem ungesüßt. Fruchtsäfte sind eigentlich keine Durstlöscher, dafür sind sie zu gehaltvoll. Wenn es denn ein Saft sein muss, dann lieber stark verdünnt mit Wasser und von guter Qualität, also keine Nektare oder Fruchtsaftgetränke. Als geeignetes Gefäß eignet sich ein bruchsicherer Becher (auf jeden Fall ab dem 8. Monat) oder eine Trinklern- oder Schnabeltasse.

FAMILIENESSEN

Ab dem 10. Monat etwa können Sie dann beginnen, Ihrem Baby vom Familienessen abzugeben und es aktiv daran zu beteiligen. Denn auch selbstständiges Sitzen wird es um den 10. bis 12. Lebensmonat herum beherrschen. Und das heißt: bereit für den Hochstuhl! Dem Entdeckungsdrang und der Neugier sind nun keine Grenzen mehr gesetzt, lassen Sie es einfach nach und nach mitessen. Allerdings sollten Sie weiterhin darauf verzichten die Speisen zu salzen und zu würzen, das können die Nieren der Kleinen noch nicht richtig verarbeiten.

▼ Die spannende Hochstuhlzeit beginnt!

VERDAUUNGSPROBLEME

TIPPS UND TRICKS

MANCHMAL FÄNGT ES MIT EINFÜHRUNG DER BEIKOST AN, ZU ZWICKEN ODER ZU HACKEN IN BABYS BÄUCHLEIN UND VERDAUUNGSTRAKT.

Ein wenig zwicken ist erst mal nicht weiter schlimm, bei anhaltenden Beschwerden sollten Sie aber zum Kinderarzt gehen. Hier auf jeden Fall ein paar Hausmittelchen für die erste Linderung:

BLÄHUNGEN

Bei Blähungen hilft grundsätzlich Wärme, geben Sie Ihrem Baby eine nicht zu heiße, sondern nur warme Wärmflasche oder ein Kirschkern- oder Körnerkissen und legen es auf sein Bäuchlein. Es gibt auch spezielle Bäuchleinöle oder Fenchelöl für leichte Massagen auf dem Bauch. Lassen Sie dazu Ihre warmen Hände im Uhrzeigersinn auf Babys Bäuchlein kreisen. Oder Sie geben ihm einen dünn aufgebrühten und nicht zu heißen Fenchel-, Kümmel-, Anis- oder Kamillentee zum Trinken.

VERSTOPFUNG

Achten Sie bei (drohender) Verstopfung auf reichlich Flüssigkeit, am Tag sollten es 200 ml Wasser oder Tee sein, sofern Sie noch stillen, andernfalls um die 500 ml. Auch hier können leichte Massagen helfen, entweder die Hände im Uhrzeigersinn über den Bauch streichen, oder Sie „hocken" die Beine Ihres Kindes, während es liegt, an und lassen sie ebenfalls im Uhrzeigersinn, mit leichtem Bauchkontakt, kreisen. Denn Bewegung fördert auch schon bei Babys die Verdauung. Ballaststoffe können die Verdauung in Gang bringen und sind in rohem Obst und Gemüse sowie (Vollkorn-)Getreideprodukten enthalten. Je nachdem wie weit Ihr Kind schon bei der Beikost ist, können Sie ihm pürierte bzw. klein gehackte Äpfel, Birnen, Pflaumen oder Aprikosen geben. Reduzieren Sie im Zweifelsfall auch stopfende Lebensmittel wie Bananen oder Reis.

ZU WEICHER STUHL BZW. DURCHFALL

Sollte Ihr Kind zu weichen Stuhl bzw. Durchfall haben, muss es unbedingt viel trinken, um den Flüssigkeitsverlust auszugleichen. Vielleicht hat es zu viel Obst oder Saft zu sich genommen? Stopfende Lebensmittel wirken Durchfall bzw. weichem oder flüssigem Stuhl entgegen, wie z. B. Reis(schleim), Banane, roh geriebener Apfel mit Schale (nicht Apfelmus!), Blaubeeren, Karotten- und Kartoffelbrei. Sollte richtiger Durchfall anhalten und auch Erbrechen hinzukommen, dann sollten Sie unbedingt zum Kinderarzt gehen, denn je kleiner das Baby, desto gefährlicher ist der hohe Flüssigkeitsverlust.

WUNDER PO

Wenn Sie feststellen, dass Ihr Kind nach einem speziellen Brei einen wunden Po bekommt, versuchen Sie herauszufinden, welches Lebensmittel der Auslöser sein könnte und vermeiden Sie dieses. Besonders von Zitrusfrüchten, Beeren oder Ananas können Babys wund werden. Versuchen Sie, Fertiggläschen zu vermeiden, vielleicht liegt es daran. Lassen Sie Ihr Baby nackt strampeln, wickeln Sie es häufig und geben Sie etwas Wundcreme und Heilwolle darauf, damit keine weiteren wundmachenden Stühle den Po strapazieren.

Eine leichte Massage mit Bäuchleinöl kann bei Blähungen Wunder wirken. ▶

DAS MAMA-BABY-KOCHEN

VORTEILE UND GRUNDREGELN

FRISCH AUF DEN TISCH! DAMIT NICHT NUR DAS KIND SATT WIRD, MACHEN SIE SICH DEN MAMA-BABY-TRICK ZUNUTZE: ALLES IN DEN TOPF, UMRÜHREN, TEILEN – HIER WÜRZEN, DA PÜRIEREN UND FERTIG SIND DIE ALLE-RUNDUM-ZUFRIEDEN-MAHLZEITEN!

Das Tolle am Mama-Baby-Kochen ist, dass Sie für sich und Ihr Baby quasi in einem Aufwasch kochen und sich der Aufwand dadurch verringert. Während Sie Gemüse, Kartoffeln und Fleisch oder Fisch für Ihr Kleines zubereiten, können Sie aus eben diesen Zutaten – und vielleicht noch ein paar mehr – ein leckeres Essen für sich zaubern, das absolut nicht an Babybrei erinnert. Denn oft genug bleiben Mamas und Ihre Bedürfnisse auf der Strecke, und für ein warmes Essen ist keine Zeit. Damit ist jetzt Schluss!

BABYGERECHT KOCHEN

Ein paar Kleinigkeiten müssen Sie beim Mama-Baby-Kochen beachten, damit vor allem für Ihr Kleines ein dem Alter entsprechendes Essen auf den Tisch kommt. Für Babys bietet es sich an, Gemüse und Fleisch bzw. Fisch zu dünsten oder zu dämpfen, da beides sehr nährstoffschonende Zubereitungsarten sind. Ein Stück Fleisch können Sie sich parallel dazu auch in der Pfanne anbraten, das schmeckt uns Erwachsenen, bekommt dem Baby dagegen nicht so gut. Babys brauchen in ihrem Brei weder Salz noch Gewürze. Würzen Sie deswegen Ihren Teil der Speise erst, nachdem Sie die Babyportion abgezweigt haben.

UND GLÄSCHEN?

Immer wieder stellt sich die Frage: Selber kochen oder Gläschen? Es gibt auf beiden Seiten Pros und Contras – ganz klar – aber mal ehrlich: Schmeckt Ihnen Dosenfutter so richtig gut? Frisch gekocht ist ein Brei doch meist am besten, schmeckt nicht nach Einheitsgrau und zudem wissen Sie wirklich genau, was drin ist. Hier können Sie die Qualität auswählen, die Ihnen am Herzen liegt und auf Regionalität und Saisonalität achten. Selbst Gekochtes ist deutlich preiswerter im Vergleich zu Gläschen und Fertigbreien. Zudem können Sie Ihr Kind schon früh „mitkochen" lassen. Babys macht es enormen Spaß, der Mutter in der Küche zuzusehen. In sicherem Abstand zu Töpfen und Herd, z. B. in Wippe, Laufstall oder Hochstuhl, kann Ihr Kind ganz nah bei Ihnen sein und Sie beobachten. Und wenn die Breizeit vorbei ist, dann werden Sie sowieso täglich kochen. Sehen Sie die Breizeit als Übungsphase, um ins Kochen für die Familie einzusteigen. Sie werden sehen, davon profitiert die ganze Familie. Falls Sie aber beispielsweise mal Zeitnot haben, sind Fertiggläschen durchaus legitim (auch wenn selbst zubereitete und eingefrorene Vorräte nicht wirklich zeitaufwändiger sind, siehe Seite 106). Achten Sie beim Kauf allerdings unbedingt darauf, dass keinerlei Zusätze wie Zucker, Salz, Gewürze oder gar Geschmacksverstärker, Aromen oder Konservierungsmittel enthalten sind. Auch die Zutatenvielfalt im Gläschen sollte sich in Grenzen halten, zu viele Zutaten würden die Geschmacksnerven Ihres Babys nur unnötig verwirren. Zum Gläschenbrei müssen Sie auf jeden Fall noch etwas Fett zufügen.

Mama und Baby gehen auf kulinarische Entdeckungsreise. ▶

EIN GESUNDER TAG AM FAMILIENTISCH

TIPPS FÜR FÜNF LECKERE MAHLZEITEN

DAS ERLEBNIS AM FAMILIENTISCH IST FÜR ALLE BETEILIGTEN GLEICHERMASSEN WICHTIG. HIER TRIFFT MAN SICH NICHT NUR ZU GEMEINSAMEN MAHLZEITEN, HIER WERDEN AUCH PROBLEME UND EREIGNISSE DISKUTIERT.

Am Familientisch wird geplant und Wichtiges besprochen. Damit können Sie nie früh genug beginnen. Also ran an den Tisch – alle kleinen und großen Feinschmecker und Essensentdecker!

Wie schon erwähnt, können Sie Ihrer Familie mit entsprechender Qualität bei der Auswahl der Zutaten und Speisen viel Gutes für Entwicklung und Gesundheit mitgeben. Mit den entsprechenden Lebensmitteln aus möglichst naturbelassener Herkunft und einer großen Vielfalt bringen Sie Freude ins gemeinsame Essen und schaffen für Ihr(e) Kind(er) beste Grundlagen für gute Verknüpfungen von Geschmackssinn und Gehirn. Denn mit stark verarbeiteten, künstlich gesüßten und mit Zusätzen jeglicher Art versehenen Lebensmitteln kann sich kaum ein individueller Geschmack entwickeln. Lassen Sie Ihr Baby in ein (möglichst) zuckerfreies und naturbelassenes Leben starten. Erfahrungen, die Ihr Kind mit ungesüßten Lebensmitteln und Getränken macht, werden sich in seinen Gewohnheiten verfestigen und es sein ganzes Leben begleiten.

FRÜHSTÜCK

Zum Frühstück bleiben Mami und Still- bzw. Flaschenkind gerne erst mal noch im Bett und das Baby genießt seine erste Mahlzeit des Tages an der Brust oder Flasche, ein ruhiges Ankommen im Tag. Beim anschließenden Mama-Frühstück kann Ihr Baby durchaus auch mal mitessen. Egal ob ein paar Stückchen (fein ausgemahlenes Vollkorn-)Brot oder ein paar Löffelchen Müsli, so gewöhnen Sie Ihr Kind langsam ans Frühstück.

MITTAGESSEN

Für das gemeinsame Mittagessen bietet es sich an, ein Gericht aus den Mama-Baby-Rezepten (siehe Seiten 108–133) auszuwählen. Wenn Ihr Kind schon etwas größer ist und bereits erste Zähne im Mund hat, müssen Sie nicht mehr pürieren. Jetzt reicht es, die Speisen klein zu schneiden oder mit einer Gabel zu zerdrücken. Auch Familiengerichte können Kinder ab dem 10./12. Monat, je nach Entwicklung des Kindes, dann mitessen. Nehmen Sie einfach eine kleine Portion fürs Baby ab und würzen das Familienessen erst hinterher.

ZWISCHENMAHLZEITEN

Aus ursprünglich 4 gleichwertigen Mahlzeiten können Sie ab dem 10. Monat etwa 3 Hauptmahlzeiten und 2 Zwischenmahlzeiten werden lassen. Wählen Sie dafür eine kleine Portion aus – egal ob eine Reis- oder Maiswaffel und etwas Obst oder etwas Rohkostgemüse zum Knabbern. Auch ein schnelles Power-Breichen aus 2–3 EL Erdmandelflocken, gemischt mit 4–5 EL Saft und zusätzlich etwas zerdrücktes Obst, etwa eine halbe Banane oder ein halber geriebener Apfel und ein paar zerdrückte Beeren, das gibt zwischendrin Kraft und Energie. Auch die Kekse von Seite 21 sind durchaus mal als Zwischenmahlzeit geeignet.

ABENDESSEN

Abends zu Hause am Esstisch. Ein gemütliches Abendessen ist manchmal nicht so realistisch. Alle sind kaputt vom Tag, das Baby dreht langsam auf und muss die vielen Eindrücke des Tages verarbeiten. Vielleicht ist es für Ihre Familie eine gute Lösung, eine gemeinsame Brotzeit einzunehmen. Dabei bekommt Ihr Kind ein paar Stückchen Brot und ein Glas/Becher (ca. 200 ml) mit Milch. Fingerfood ist angesagt – lassen Sie Ihr Kind, wenn es nicht allzu müde ist, verschiedene Lebensmittel ausprobieren. Vielleicht orientieren Sie sich dafür ein wenig an den Ideen aus dem BLW (siehe Seite 94). Alternativ geben Sie ihm einen sättigenden und wärmenden Abend-Getreide-Brei. Oder aber Sie stillen abends vor dem Schlafengehen noch (oder geben Ihrem Kind die Flasche). Auf keinen Fall sollte Ihr Kind mit der Flasche einschlafen, denn Zahnpflege spielt schon ab dem ersten Zähnchen eine Rolle und sollte nach der letzten „Mahlzeit“ erfolgen.

TIPPS FÜR DEN VORRAT

VORSORGE FÜR BETRIEBSAME TAGE

DER ALLTAG MIT EINEM KLEINEN BABY LÄUFT NICHT IMMER GERUHSAM UND PERFEKT NACH PLAN AB. WIE GUT ALSO, DASS SIE BREI FÜR IHR BABY PORTIONIERBAR EINFRIEREN UND GANZ NACH BEDARF ERWÄRMEN KÖNNEN.

Gerade bei den Anfangsbreien empfiehlt es sich, ein wenig vorzukochen und einen Vorrat einzufrieren. Bereiten Sie eine größere Menge zu, Sie finden im Folgenden Vorratsrezepte für ca. 10 Portionen, und frieren sie portionsweise ein. So haben Sie immer ein gesundes Essen für Ihr Baby parat, wenn es mal schnell gehen muss. Zudem haben Sie eine Portion für den aktuellen Tag bereit und können obendrein für den kommenden Tag noch eine Portion im Kühlschrank aufbewahren.
Einfrieren eignet sich für Babybreie eigentlich perfekt zum haltbar machen. Für die ersten Essversuche können Sie den Gemüsebrei auch gut in einem Eiswürfelbehälter portionieren und einfrieren. Ansonsten verwenden Sie lieber Gefrierdosen, Twist-off-Gläser oder Gefrierbeutel. Alle Behälter müssen natürlich sauber sein, also sehr gut gereinigt oder Gläser sogar vorher abgekocht und gut verschlossen werden, damit nichts auslaufen kann und keine Keime hineingelangen. Befüllen und verschließen Sie die Behälter sofort nach dem Garen portionsweise und frieren sie sofort, ohne Abkühlen, ein, so können Keimvermehrung und Vitaminverluste vermieden werden.
Bei einer Temperatur von -18 °C hält sich ein Babybrei bis zu 2 Monate. Tauen Sie den Babybrei erst kurz vor dem Füttern in einem Wasserbad oder in der Mikrowelle auf (siehe Seiten 12–15).
Um Gläschen und Gläser zu sterilisieren, müssen Sie die gereinigten Gläser in kochendem Wasser ca. 10 Minuten kochen lassen, danach am besten mit einer Zange aus dem Topf heben und auf einem Küchentuch abtropfen lassen. Im Backofen können Sie die offenen Gläser ebenfalls 10 Minuten bei 180 °C backen und im Ofen auskühlen lassen.

Tiefgefroren hält sich Babybrei bis zu zwei Monate.

BABYBREI AUF VORRAT

EINMAL MIT FLEISCH, EINMAL OHNE

FÜR CA. 10 GLÄSCHEN ODER FÜR EISWÜRFELBEHÄLTER
JE VARIANTE 30 MINUTEN

GEMÜSE-KARTOFFEL-FLEISCH

Für den Mittagsbrei die Kartoffeln waschen und mit Schale in etwas Wasser in 20–25 Minuten weich kochen. Inzwischen das Gemüse waschen, ggf. schälen und in Stücke schneiden. Das Fleisch ebenfalls klein schneiden und zusammen mit Wasser bei schwacher Hitze ca. 15 Minuten weich garen.
Heben Sie mit einer Schaumkelle Gemüse und Fleisch heraus und geben es in einen Mixer oder ein hohes Gefäß. Zusammen mit Apfel- oder Orangensaft und 100 ml Rapsöl fein pürieren. Die Kartoffeln pellen und durch eine Kartoffelpresse dazudrücken, gut untermischen. Geben Sie noch so viel Kochwasser zu, wie es der gewünschten Konsistenz entspricht.
Portionieren Sie den Brei sofort in 10 Behälter und frieren sie sofort ein. Auch im Schnellkochtopf lassen sich Fleisch und Karotten zusammen garen.

GEMÜSE

Das Gemüse waschen, schälen und in Stückchen schneiden. In einem Topf mit dem Öl leicht andünsten (Wichtig: bei schwacher Hitze, damit nichts anbräunt), Wasser zugießen und 10–15 Minuten weich garen.
Etwas abkühlen lassen und mitsamt dem Kochwasser im Mixer oder mit dem Stabmixer sehr fein pürieren. In Eiswürfelbehälter (und/oder in Gläschen) abfüllen, verschließen und einfrieren.
Je nach Größe der Mahlzeit erwärmen Sie dann ein oder mehrere gefrorene Würfelchen. Achten Sie beim Füttern auf eine geeignete Babytemperatur!

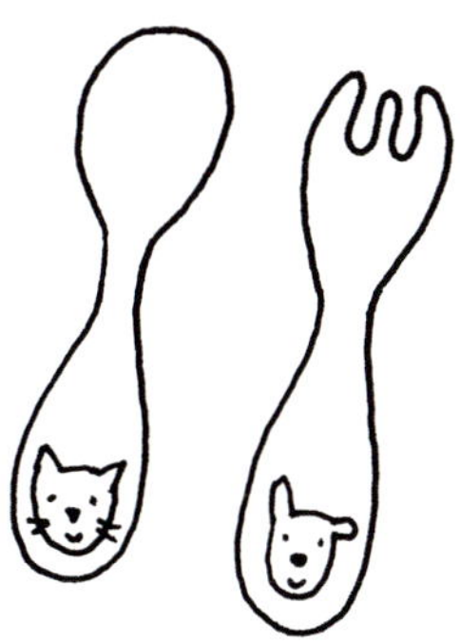

ZUTATEN

für den Gemüse-Kartoffel-Fleisch-Brei

550 g Kartoffeln

1 kg Gemüse (beispielsweise Karotten, Pastinaken oder Zucchini)

300 g mageres Fleisch

300 ml Apfel- oder Orangensaft

100 ml Rapsöl

für den Gemüsebrei

500 g Gemüse einer Sorte (z. B. Karotten oder Pastinaken)

2 TL Rapsöl

200 ml Wasser

HABA

MAMA-BABY-REZEPTE

NUN GEHT ES LOS MIT DER SPANNENDEN ZEIT DER B(R)EIKOST. IHR KIND IST BEREIT FÜR EINE NEUE PHASE UND WILL EINE NEUE WELT ENTDECKEN. MIT ALLEN SINNEN! BIETEN SIE IHM EINE BUNTE PALETTE AUS LECKEREN BREIEN UND SPÄTER VOLLWERTIGEN GERICHTEN.

PIMP MY MÜSLI

DER HAFERFLOCKEN-BAUKASTEN

MIT 4 IDEEN FÜR FRÜHLING, SOMMER, HERBST UND WINTER
FÜR 1 BABY- UND 1 ERWACHSENENPORTION
JE VARIANTE 5–10 MINUTEN EINWEICHEN: ÜBER NACHT

AB DEM 10. MONAT, FÜR MAMA ODER PAPA SCHON FRÜHER

GRUNDPORTION

1 Füllen Sie die zarten und die kernigen Haferflocken jeweils in eine Schüssel, geben jeweils ca. 4 EL Milch darüber, sodass die Haferflocken knapp bedeckt sind, und stellen sie über Nacht in den Kühlschrank zum Einweichen.

FRÜHLINGSVARIANTE

1 Die Beeren verlesen und waschen. 50 g davon zur Babyportion und den Rest in Mamas Schüssel geben. Beim Baby 1 EL Vanillejoghurt unterrühren, bei Mama dann entsprechend 2 EL Vanillejoghurt und servieren.

SOMMERVARIANTE

1 Pfirsich, Aprikose und Minze waschen. Pfirsich und Aprikose halbieren und entkernen. Für das Baby ¼ Pfirsich und ½ Aprikose fein würfeln, pürieren oder grob zermusen. 1 Minzblättchen eventuell mitpürieren, ansonsten sehr fein hacken. Mit dem Obst und 2 EL Molke zu den zarten Haferflocken geben und untermischen.

2 Für die Mama restliches Obst und Minze ebenfalls klein schneiden bzw. hacken und mit der restlichen Molke zu den kernigen Haferflocken geben und beides servieren.

HERBSTVARIANTE

1 Die Banane schälen, die Feige waschen. Für das Baby ⅓ Banane mit einer Gabel zerdrücken, ½ Feige klein schneiden und mit 1 TL Rosinen und 1 EL Joghurt unter die zarten Haferflocken mischen.

2 Für die Mama die restliche Banane und Feige klein schneiden, mit den restlichen Rosinen und 2 EL Joghurt zu den kernigen Haferflocken geben und beides servieren.

WINTERVARIANTE

1 Die Kaki sowie die Birne schälen (Apfel waschen). Für das Baby ⅓ Kaki zermusen oder sehr klein schneiden, ½ Birne grob raspeln und mit 1 TL Haselnüssen und 1 EL Dickmilch unter die zarten Haferflocken mischen.

2 Restliche Kaki und Birne klein schneiden, mit den restlichen Haselnüssen und 2–3 EL Dickmilch zu den kernigen Haferflocken geben und beides servieren.

ZUTATEN

für die Grundportion

je 3 EL zarte (fürs Kind) und kernige (für Mama) Haferflocken

je ca. 4 EL Milch

für die Frühlingsvariante

200 g gemischte Beeren (z. B. Erdbeeren, Himbeeren, Blaubeeren)

3 EL Vanillejoghurt

für die Sommervariante

1 Pfirsich

1 Aprikose

3 Blättchen Minze

100 ml Molke

für die Herbstvariante

1 Banane

1 frische Feige

2 EL Rosinen

3 EL Naturjoghurt

für die Wintervariante

1 Kaki

1 Birne oder 1 Apfel

1 EL gehackte geröstete Haselnüsse

3–4 EL Dickmilch oder Kefir

HIRSEPORRIDGE

MIT FEIGEN, MANGO UND VANILLE

FÜR 1 BABY- UND 2 ERWACHSENENPORTION 25 MINUTEN

AB DEM 10. MONAT, FÜR MAMA ODER PAPA SCHON FRÜHER

ZUTATEN

100 g Hirse

500 ml Mandelmilch (ohne Zusätze wie Zucker)

etwas Vanillemark

2 Feigen

200 g Mangofruchtfleisch

2 EL Mandeln

1 TL Mandelmus

Salz

SO WIRD'S GEMACHT

1 Die Hirse in einem Sieb kalt abspülen und kurz abtropfen lassen. Mit der Mandelmilch, Vanillemark und 1 Prise Salz in einem Topf aufkochen und bei schwacher Hitze 5–10 Minuten köcheln lassen. Anschließend auf der abgeschalteten Herdplatte rund 10 Minuten ausquellen lassen.

2 Die Feigen waschen und ohne den Fruchtansatz klein schneiden. Mango schälen, Fruchtfleisch vom Kern schneiden und ebenfalls klein schneiden. Die Mandeln grob hacken und in einer Pfanne ohne Fett rösten, bis sie duften.

3 Für das Baby ca. ¼ des Porridge abnehmen und mit Mandelmus und ca. ⅓ der Mango fein pürieren, bei Bedarf noch etwas Mandelmilch zugießen. Zum Servieren für die Mutter den restlichen Hirseporridge mit dem restlichen Obst mischen und mit den gehackten Mandeln bestreuen.

VARIANTE

Keine Frische-Feigen-Saison? Dann schnippeln Sie 2–3 getrocknete Feigen klein und kochen sie bereits mit der Hirse mit.

TIPP

Dieses Frühstücksrezept können Sie schon während der Schwangerschaft oder der Stillzeit genießen, die Kombination der Zutaten wirkt milchbildend und tut Ihnen und Ihrem Körper gut.

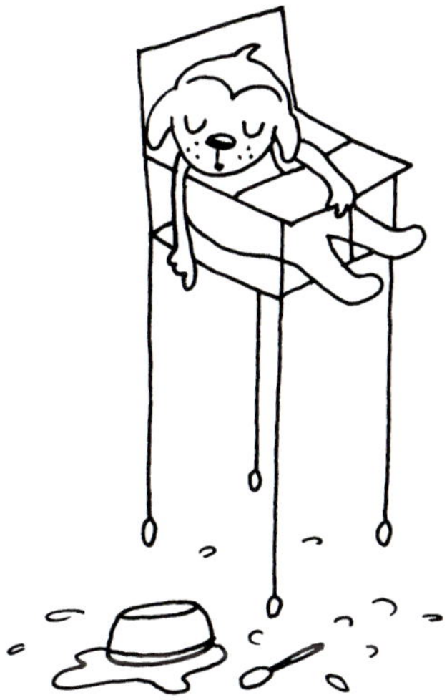

HÄHNCHENSUPPE

MIT KOHLRABI, KAROTTE UND KARTOFFEL

FÜR 4 BABYPORTIONEN UND 1 ERWACHSENENPORTION
40 MINUTEN

FÜR DAS BABY: KARTOFFEL-KAROTTEN-KOHLRABI-BREI, AB DEM 5. MONAT

SO WIRD'S GEMACHT

1 Kartoffeln, Kohlrabi und Karotten schälen und in mundgerechte Würfel schneiden. Das Fleisch kalt abspülen, trocken tupfen und ebenfalls in mundgerechte Würfel schneiden.

2 2 EL Öl in einem Topf erhitzen, Gemüse darin unter Rühren ca. 3 Minuten bei kleiner Hitze anbraten und mit 400 ml Wasser aufgießen, die Fleischwürfel obenauf legen. Zugedeckt in 15–20 Minuten weich garen.

3 Das Fleisch entnehmen und für die Babyportionen 120 g davon in ein hohes Gefäß geben. 600 g vom Gemüse zugeben und mit dem Apfelsaft und dem restlichen Öl fein pürieren. Je nach Konsistenz von der Kochflüssigkeit etwas zugeben. Den Brei in 4 Portionen teilen und sofort verwenden bzw. für den Vorrat einfrieren.

4 Für die Erwachsenenportion das Fleisch wieder in den Topf geben und mit der Gemüsebrühe aufkochen, mit Salz und Pfeffer würzen und zum Servieren mit Petersilie bestreuen.

ZUTATEN

400 g Kartoffeln
2 kleine Kohlrabi
3 Karotten
250 g Hähnchenbrustfilet
5 EL Rapsöl
120 ml Apfelsaft
100 ml Gemüsebrühe
1 EL gehackte Petersilie
Salz
Pfeffer

GRAUPENRISOTTO

MIT KAROTTEN, FENCHEL UND OLIVEN

FÜR 4 BABYPORTIONEN UND 1 ERWACHSENENPORTION
40 MINUTEN

FÜR DAS BABY: KAROTTEN-FENCHEL-BREI, AB DEM 5. MONAT

ZUTATEN

1 kleine Zwiebel
5 EL Rapsöl
90 g Graupen
250 ml Gemüsebrühe
500 g Karotten
1 große Fenchelknolle (ca. 300 g)
1 TL Fenchelsamen
4 EL Reisflocken
30 g schwarze Oliven (ohne Stein)
20 g frisch geriebener Parmesan
120 ml Apfelsaft
Salz
Pfeffer

SO WIRD'S GEMACHT

1 Die Zwiebel schälen und fein würfeln. 1 EL Öl in einem kleinen Topf erhitzen und die Zwiebel darin glasig anschwitzen, Graupen zugeben, kurz unter Rühren mit anschwitzen und die Gemüsebrühe zugeben. Zugedeckt bei schwacher Hitze 25–30 Minuten weich garen.

2 Inzwischen die Karotten schälen und in kleine Würfel schneiden, den Fenchel putzen, waschen und ohne Strunk ebenfalls klein würfeln, das Fenchelgrün hacken und beiseitelegen. Die Fenchelsamen in einen Teebeutel geben und verschließen. Mit Karotten, Fenchel und 100 ml Wasser zugedeckt bei mittlerer Hitze 10–15 Minuten weich garen.

3 Je ca. die Hälfte Karotten und Fenchel abnehmen und mit den Reisflocken und 50 ml Kochflüssigkeit ca. 5 Minuten in einem anderen Topf bei mittlerer Hitze weich garen. Oliven halbieren. Die restliche Karotten-Fenchel-Portion mit den Graupen und Parmesan mischen, mit Salz und Pfeffer würzen und mit den Oliven und dem Fenchelgrün garnieren.

4 Die Karotten-Fenchel-Reisflocken-Mischung mit Apfelsaft und dem restlichen Öl fein pürieren. Je nach Konsistenz von der Kochflüssigkeit etwas zugeben. Den Brei in 4 Portionen teilen und sofort verwenden oder für den Vorrat einfrieren.

TIPP

Sie können die Reisflocken auch weglassen und nur die Karotten-Fenchel-Mischung mit 4 TL Rapsöl pürieren. Das ergibt 7–8 Portionen „ersten Gemüsebrei“ für die ersten Breiversuche.

RINDFLEISCHSTREIFEN

MIT GRÜNEM GEMÜSE UND KARTOFFELBREI

FÜR 4 BABYPORTIONEN UND 1 ERWACHSENENPORTION
35 MINUTEN

FÜR DAS BABY: KARTOFFEL-ERBSEN-BROKKOLI-BREI, AB DEM 5. MONAT

SO WIRD'S GEMACHT

1 Die Kartoffeln waschen und in reichlich Wasser mit Schale in ca. 20 Minuten weich garen. Anschließend abgießen und ausdampfen lassen.

2 In der Zwischenzeit den Brokkoli putzen, waschen und in Röschen teilen. Etwas Wasser in einem Topf erhitzen, Brokkoli und Erbsen zugeben und zugedeckt in 10–15 Minuten weich garen, dann abgießen. Dabei das Kochwasser auffangen, Apfelsaft zugeben und die Haferflocken darin einweichen.

3 Für das Baby ⅔ der Gemüsemenge (restliches Gemüse warm halten) mit den Haferflocken und 4 EL Öl fein pürieren. Die Hälfte der Kartoffeln pellen und durch eine Kartoffelpresse dazudrücken. Gut untermischen und je nach Konsistenz etwas Wasser zugeben. Den Brei in 4 Portionen teilen und sofort verwenden oder für den Vorrat einfrieren.

4 Für die Erwachsenenportion das restliche Öl in einer Pfanne erhitzen, das Fleisch in feine Streifen schneiden, mit Salz und Pfeffer würzen und im heißen Öl scharf anbraten, ca. 3 Minuten braten und mit der Sahne aufgießen, Pfefferkörner zugeben, mit Salz und Pfeffer würzen und einmal aufkochen lassen. Inzwischen das Gemüse mit Salz und Pfeffer würzen. Die restlichen Kartoffeln pellen und durch eine Kartoffelpresse in eine Schüssel drücken, mit der Milch mischen. Mit Muskat und etwas Salz würzen und zusammen mit dem Gemüse zum Fleisch servieren.

TIPP

Sie können für Ihr Kind auch einen Gemüse-Fleischbrei daraus zaubern, indem Sie für die gesamte Babymenge 120 g mageres Rindfleisch fein würfeln, zum Gemüse geben und in 10–15 Minuten weich kochen. Wie oben beschrieben, fein pürieren.

ZUTATEN

400 g Kartoffeln
500 g Brokkoli
100 g Erbsen (frisch oder TK)
60 ml Apfelsaft
40 g Haferflocken
5 EL Rapsöl
120 g Rindfleisch zum Kurzbraten
3 EL Sahne
1 TL grüne Pfefferkörner nach Belieben
2–3 EL Milch
frisch geriebene Muskatnuss
Salz
Pfeffer

NUSS-KRUSTEN-FISCH

MIT SÜSSKARTOFFEL-PASTINAKEN-STAMPF

FÜR 1 BABY- UND 1 ERWACHSENENPORTION
20 MINUTEN

FÜR DAS BABY: SÜSSKARTOFFEL-PASTINAKEN-FISCH-BREI, AB DEM 5. MONAT

ZUTATEN

250 g Süßkartoffel
1 Pastinake (ca. 200 g)
200 g Fischfilet (z. B. Kabeljau oder Seelachs)
2 EL Rapsöl
2 EL gemahlene Haselnüsse
1 TL Senf
50 ml Milch
Salz
Pfeffer

SO WIRD'S GEMACHT

1 Süßkartoffel und Pastinake schälen und in Würfel schneiden. Mit 100 ml Wasser in einem Topf aufkochen, den Fisch kalt abspülen, 30 g davon aufs Gemüse legen und in ca. 10 Minuten weich garen.

2 Für den Babybrei ca. 150 g Gemüse und den Fisch mit 1 EL Rapsöl und ca. ⅔ des Kochwassers fein pürieren.

3 Für die Erwachsenenportion den restlichen Fisch von beiden Seiten mit Salz und Pfeffer würzen. Die gemahlenen Haselnüsse mit dem Senf verrühren und als Kruste auf den Fisch streichen. Restliches Öl in einer Pfanne erhitzen, den Fisch auf der Krustenseite bei großer Hitze 2–3 Minuten scharf anbraten, wenden und je nach Dicke ca. 5 Minuten bei schwacher Hitze gar ziehen lassen. Die Milch erwärmen, die restlichen Süßkartoffeln und Pastinaken mit dem Kartoffelstampfer zerstampfen, die Milch unterrühren und mit Salz und Pfeffer würzen. Fisch mit dem Süßkartoffelstampf für die Mama und den Brei fürs Baby servieren.

TIPP

Noch etwas feiner wird die Kruste, wenn Sie 1 TL Kapern fein hacken und zur Nuss-Senf-Mischung geben.

LACHSFILET MIT POLENTA

UND BUNTEM OFENGEMÜSE

FÜR 1 BABY- UND 1 ERWACHSENENPORTION
20 MINUTEN

FÜR DAS BABY: POLENTA MIT GEMÜSE-FISCH-BREI, AB DEM 10. MONAT

ZUTATEN

180 g Lachsfilet

2 Scheiben roher Schinken

100 g Polenta (Maisgrieß)

1 kleiner Kürbis oder 1 große Zucchini (jeweils etwa 250 g)

200 g passierte Tomaten

2 EL Butter

2 EL Parmesan, frisch gerieben

1 EL gehackte Petersilie nach Belieben

Salz

Pfeffer

SO WIRD'S GEMACHT

1 Den Fisch kalt abspülen und 30 g beiseitelegen. Den restlichen Fisch mit dem rohen Schinken umwickeln. Für die Polenta 500 ml Wasser aufkochen, die Polenta einrühren und nach Packungsangabe ausquellen lassen.

2 Den Backofen auf 200 °C vorheizen. Den Kürbis schälen bzw. die Zucchini waschen und beides in kleine Würfel schneiden. Mit den passierten Tomaten mischen und in eine Auflaufform geben. Im heißen Ofen ca. 10 Minuten garen. Den Baby-Fisch darauflegen und weitere 20 Minuten garen lassen.

3 Mamas Fisch entweder in einer beschichteten Pfanne scharf anbraten und von jeder Seite je nach Dicke ca. 5 Minuten bei schwacher Hitze gar ziehen lassen. Sie können Ihren Fisch aber auch in einer separaten Form mit dem Baby-Fisch in den Ofen geben und 20 Minuten mitgaren.

4 Für die Babyportion je nach Alter des Kindes das Gemüse mit dem Fisch, 1 EL Butter und 1/5 der Polenta fein pürieren oder Sie zerdrücken nur den Fisch und das Gemüse grob mit einer Gabel und servieren 1/5 Polenta, mit Butter vermischt. dazu.

5 Für die Erwachsenenportion ebenfalls 1 EL Butter und zusätzlich den Parmesan unter die Polenta rühren, mit Salz und Pfeffer würzen. Das Gemüse ebenfalls würzen, eventuell Petersilie untermischen und beides zum Fisch servieren.

TIPP

Die Polenta und das Gemüse können Sie auch ohne Fisch fürs Kind zubereiten, dann nur 150 g Lachs für die Mama verwenden und braten, das Baby bekommt dann nur die entsprechende Menge Polenta mit Gemüse.

Verwenden Sie den Kürbis im Herbst und Winter und die Zucchini dann, wenn es heimische gibt. also im späteren Frühling, Sommer und bis in den Herbst hinein.

BROTZEIT MIT KIND

HERZHAFTER BROTAUFTRICH

FÜR 1 BABYPORTION UND 2 AUFSTRICHPORTIONEN
30 MINUTEN

FÜR DAS BABY: MILCH-GETREIDE-BREI, AB DEM 6. MONAT

ZUTATEN

100 g Hirse
500 ml Milch

für den Aufstrich

1 kleine Zwiebel
200 g Champignons
1 EL Olivenöl
½ Bund Petersilie
2–3 EL Frischkäse
1 TL Senf
Salz
Pfeffer

für den Babybrei

50 g weiche Birne (oder Birnenmus aus dem Glas)
2 TL Birnensaft nach Bedarf

SO WIRD'S GEMACHT

1 Die Hirse in einem Sieb kalt abspülen und kurz abtropfen lassen. Mit der Milch in einem Topf aufkochen und bei schwacher Hitze 5–10 Minuten köcheln lassen. Anschließend auf der abgeschalteten Herdplatte rund 10 Minuten ausquellen lassen.

2 Inzwischen für den Aufstrich die Zwiebel schälen und klein schneiden. Champignons putzen und ebenfalls klein schneiden. Das Öl in einer Pfanne erhitzen, Zwiebel darin anbraten, Pilze zugeben und zusammen bei starker Hitze ca. 3 Minuten braten. Die Petersilie waschen, trocken schütteln, die Blättchen abzupfen und grob hacken. Zusammen mit rund ⅘ der Hirse, der Pilzmischung, Frischkäse, Senf, Salz und Pfeffer fein pürieren. Den Aufstrich auf Vollkornbrot streichen, eventuell mit Käse oder Wurst belegen und genießen.

3 Für den Babybrei die Birne je nach Alter des Kindes mit einer Gabel zerdrücken und mit der restlichen Hirse und nach Bedarf Birnensaft mischen oder zusammen fein pürieren.

SCHNELLE VARIANTE

Die schnellere Variante zum frischen Obst ist Obstpüree aus dem Glas. Verwenden Sie hier auf jeden Fall nur reine Produkte ohne Aromen, Zucker oder Zusatzstoffe.

GRIESSAUFLAUF
MIT APRIKOSEN UND VANILLE

FÜR 1 BABY- UND 2 ERWACHSENENPORTIONEN
50 MINUTEN

FÜR DAS BABY: MILCH-GETREIDE-BREI, AB DEM 6. MONAT; AB DEM 10. MONAT KANN ES AUCH BEIM AUFLAUF MITESSEN

SO WIRD'S GEMACHT

1 Die Milch in einem Topf aufkochen, Grieß einrühren und unter Rühren ca. 3 Minuten kochen lassen, Herd abschalten und den Grießbrei zugedeckt ausquellen lassen.

2 Für das Baby gut 200 g abnehmen und mit dem Obstpüree mischen.

3 Für den Grießauflauf den Backofen auf 220 °C (Umluft 200 °C) vorheizen und eine Auflaufform mit etwas Butter einfetten. Die Aprikosen waschen, entkernen und in Spalten schneiden oder gut abtropfen lassen. Das Ei mit dem Vanillezucker leicht schaumig schlagen. Magerquark und Zitronenschale unterheben und den Grießbrei ebenfalls unterrühren.

4 Die Aprikosen in die gefettete Auflaufform verteilen und mit der Grießmasse übergießen. Mandelstifte und Butter in Flöckchen darauf verteilen und im heißen Ofen 30–35 Minuten goldgelb backen.

ZUTATEN

700 ml Vollmilch

100 g Dinkelvollkorngrieß

1–2 EL Obstpüree (ab dem 7. Monat auch gerne von den Aprikosen 1–2 Hälften, püriert oder in sehr feinen Stückchen)

etwas Butter

240 g Aprikosen (frisch oder aus der Dose)

1 Ei

1 EL Vanillezucker

250 g Quark (mager oder 20 % Fett)

1 EL Zitronenschale

2 EL Mandelstifte

KARTOFFELSALAT
MIT HACKFLEISCHBÄLLCHEN

FÜR 1 BABY- UND 1 ERWACHSENENPORTION
40 MINUTEN

FÜR DAS BABY: KARTOFFELBREI UND HACKBÄLLCHEN, AB DEM 10. MONAT

ZUTATEN

200 g Rindertatar
2 EL Paniermehl
1 EL Quark
1 TL Senf
2 EL gehackte Petersilie
300 g Kartoffeln
½ rote Zwiebel
20 g getrocknete Tomaten
30 g Oliven ohne Stein
1 EL Olivenöl
2 EL Gemüsebrühe
1 EL Essig
½ Bund Rucola
3 EL Milch
1 TL Butter
Salz
Pfeffer

SO WIRD'S GEMACHT

1 Den Backofen auf 200 °C vorheizen. Das Tatar mit Paniermehl, Quark, Senf und Petersilie mischen und 12 walnussgroße Bällchen daraus formen. Auf ein Backblech geben und im heißen Ofen 15–20 Minuten braten.

2 Inzwischen die Kartoffeln waschen und mit Schale in 150 ml kochendem Wasser in 20–25 Minuten weich garen, anschließend abgießen und pellen.

3 Für den Kartoffelsalat in der Zwischenzeit die Zwiebel schälen und in feine Spalten schneiden. Die Tomaten fein hacken, Oliven grob klein schneiden und zusammen in eine Schüssel geben. Das Öl in einer Pfanne erhitzen und die Zwiebel darin glasig anbraten. Die Gemüsebrühe angießen, einmal aufkochen und in die Schüssel gießen. Mit Essig, Salz und Pfeffer abschmecken. Ca. 200 g Kartoffeln in Scheiben schneiden und mit der Marinade mischen. Den Rucola verlesen, waschen, trocken schütteln und grob klein schneiden. Unter die Kartoffeln mischen und bis zum Servieren ziehen lassen.

4 Für den Kartoffelbrei die übrigen Kartoffeln klein schneiden und mit etwas Kochflüssigkeit, Milch und Butter zu Brei zerstampfen.

5 Für das Kind den Kartoffelbrei mit 2 Hackbällchen anrichten, für die Mutter die restlichen Hackbällchen zum Kartoffelsalat servieren.

TIPP

Wenn Sie mehr Kartoffeln kochen, dann können Sie am nächsten Tag auch noch Bratkartoffeln daraus machen, eine superschnelle Beilage zu vielerlei Speisen. Oder Sie machen daraus die Frittata von Seite 55.

GEMÜSEBOLOGNESE

GRUNDREZEPT

FÜR CA. 1,5 L GEMÜSEBOLOGNESE
35 MINUTEN

AB DEM 10. MONAT

SO WIRD'S GEMACHT

1 Die Zwiebel schälen und fein würfeln. Die Karotten schälen und in Stücke schneiden. Den Staudensellerie putzen, waschen und in Scheiben schneiden. Den Salbei waschen und trocken tupfen. Die Linsen waschen und gut abtropfen lassen.

2 Das Öl in einem großen Topf erhitzen, die Zwiebel darin anschwitzen, Gemüse dazugeben und ca. 5 Minuten unter Rühren bei starker Hitze braten. Den Zucker zugeben, karamellisieren lassen, dann die Tomaten und den Salbei zugeben. Linsen, Brühe und Zimtstange ebenfalls zugeben und alles aufkochen. Zusammen zugedeckt bei mittlerer Hitze ca. 30 Minuten garen.

3 Ca. 10 Minuten vor Ende der Garzeit die Zitrone heiß waschen, fein abreiben und den Saft auspressen. Beides zur Bolognese geben und gut untermischen, nach Belieben mit Salz und Pfeffer würzen.

PIMP MY BOLOGNESE

Sie können diese Universalsauce beispielsweise zu Polenta (350 ml Flüssigkeit + 75 g Polenta für 2 große Portionen), Reis oder Nudeln servieren. Sie können sie mit Gemüsebrühe verlängern, einen Teil davon pürieren und dann als Suppe servieren. Und auch fürs Kind ist diese Sauce geeignet: Püriert – die Feinheit können Sie je nach Alter des Kindes selbst bestimmen – lässt sie sich auch für einen Brei verwenden und mit Flocken, Reis oder Polenta nach dem Brei-Grundrezept von Seite 98 ergänzen.

ZUTATEN

1 Zwiebel
3 Karotten
3 Stangen Staudensellerie
1 Stängel Salbei
150 g rote Linsen
2 EL Olivenöl
1 EL Zucker
1 große Dose stückige Tomaten (800 g)
400 ml Gemüsebrühe
1 Zimtstange
½ Bio-Zitrone
Salz
Pfeffer

MAL ASIAPFANNE
MAL REISSALAT

AB DEM 10. MONAT

FÜR 1 BABYPORTION UND 1 ERWACHSENENPORTION, PLUS 2 SALATPORTIONEN
REISPFANNE: 30 MINUTEN
REISSALAT: 10 MINUTEN

SO WIRD'S GEMACHT

1 Den Reis in der doppelten Menge Wasser nach Packungsangabe weich garen und entsprechend nachquellen lassen.

2 Inzwischen die Karotte schälen und grob raspeln. Das Öl in einer Pfanne erhitzen und die Karotte darin anbraten, Erbsen und Mais zugeben und zusammen ca. 3 Minuten anschwitzen. Knapp 400 g gekochten Reis zugeben und zusammen ca. 3 Minuten unter Rühren braten. Das Ei verquirlen und über den Reis gießen, stocken lassen und für das Baby ¼ bis ⅓ der Menge servieren. Die Mama bekommt den Rest und darf mit Salz, Pfeffer und Sojasauce würzen.

3 Für den Salat den restlichen Reis in eine Schüssel geben. Die Mango schälen, Fruchtfleisch vom Kern und in Stücke schneiden. Die Frühlingszwiebeln und Staudensellerie putzen, waschen und jeweils in feine Ringe bzw. Scheiben schneiden. Die Datteltomaten waschen und je nach Größe halbieren oder vierteln. Gemüse zum Reis geben, gut mischen. Für das Dressing Limettensaft mit Essig, Öl, Agavendicksaft und Currypulver mischen, salzen und pfeffern und unter den Reissalat mischen. Gut durchziehen lassen und servieren.

ZUTATEN

für die Reispfanne

250 g Reis
1 Karotte
1 EL Rapsöl
100 g Erbsen (frisch oder TK)
100 g Maiskörner
1 Ei
1 EL Sojasauce
Salz
Pfeffer

für den Salat

restliche Reismenge
½ Mango
2 Frühlingszwiebeln
3 Stangen Staudensellerie
200 g Datteltomaten
2 EL Limettensaft
2 EL Rotweinessig
2 EL Olivenöl
1 EL Agavendicksaft
½ TL Currypulver
Salz
Pfeffer

UNIVERSALREZEPTE FÜRS BABY

Manchmal mögen Mamas auch ihr eigenes Süppchen kochen. Wenn sie sich erste Freiheiten zurückerobert haben. Wenn sie mal wieder ausgehen möchten, wenn sie arbeiten gehen. Oder wenn sie für Papa und sich ein leckeres Abendessen zu zweit kochen möchten.

ZWIEBACKBREI

MAL HERZHAFT, MAL SÜSS

FÜR 1 BABYPORTION
JE NACH VARIANTE 5–15 MINUTEN

ZUBEREITUNG FÜR NACHMITTAGS

SOMMERVARIANTE

Den Zwieback grob in Stücke brechen, Butter zugeben und mit dem heißen Wasser übergießen, kurz einweichen lassen. Die Melone in Stücke schneiden und mit einer Gabel zerdrücken (je nach Alter des Kindes) oder zusammen mit dem eingeweichten Zwieback fein pürieren.

HERBST-/WINTERVARIANTE

Die Pflaumen waschen und in Stücke schneiden. (Den Apfel schälen, vom Kerngehäuse befreien und in Stücke schneiden.) Den Apfelsaft in einem kleinen Topf erhitzen, Obst zugeben und zugedeckt bei kleiner Hitze in ca. 5 Minuten weich garen. Zwieback grob in Stücke brechen und mit der Butter und dem heißen Wasser zum Obst geben, kurz einweichen und fein pürieren.

ZUBEREITUNG FÜR ABENDS

Die Milch in einem Topf aufkochen. Die Karotte schälen und raspeln, zur Milch geben und ca. 5 Minuten bei kleiner Hitze weich garen. Zwieback grob in Stücke brechen zu den Karotten geben, kurz einweichen und fein pürieren.

ZUTATEN

für nachmittags

1 Zwieback

1 TL Butter

40 ml heißes Wasser

Sommervariante: 100 g Melonenfruchtfleisch

Herbst-/Wintervariante: 100 g entsteinte Pflaumen (oder 1 kleiner Apfel) und 3 EL Apfelsaft

für abends

200 ml Milch

1 kleine Karotte

1 Zwieback

SCHNELLE NUDELN

EINMAL HERZHAFT, EINMAL SÜSS

FÜR 3 BABYPORTIONEN
JE NACH VARIANTE 5–15 MINUTEN

AB DEM 10. MONAT

SO WIRD'S GEMACHT

Die Nudeln nach Packungsangabe in reichlich kochendem, leicht gesalzenem Wasser bissfest garen und anschließend abgießen.

TOMATEN-ZUCCHINI-SAUCE

Die Zucchini waschen und raspeln. Das Öl in einem Topf erhitzen, Zucchini zugeben und kurz andünsten. Den Tomatensaft zugießen und zusammen ca. 5 Minuten bei kleiner Hitze garen. Das Tomatenmark einrühren. Wer mag, rührt noch ein wenig gehackte Kräuter unter. Zu den erwärmten Nudeln servieren.

HEIDELBEER-MANDEL-SAUCE

Den Apfelsaft in einem Topf erhitzen, den Frischkäse einrühren und bei kleiner Hitze schmelzen lassen. Vom Herd nehmen, das Mandelmus und die Heidelbeeren einrühren, dabei nach Belieben einen kleinen Teil mit einer Gabel zerdrücken. Zu den erwärmten Nudeln servieren.

ZUTATEN

Grundzutaten

150 g Nudeln (am besten Hörnchennudeln oder Gabelspaghetti)

für 2 Tomatensaucen-Portionen

1 kleine Zucchini

1 EL Rapsöl

200 oder 300 ml Tomatensaft

1 EL Tomatenmark

1 EL gehackte Kräuter nach Belieben

für 2 Heidelbeersaucen-Portionen

2 EL Apfelsaft

1 EL Frischkäse

1 EL Mandelmus

50 g Heidelbeeren (frisch oder TK)

GOLDTALER
AUS KAROTTEN UND KARTOFFELN

AB DEM 10. MONAT

FÜR 12 TALER
50 MINUTEN

SO WIRD'S GEMACHT

1 Die Kartoffeln schälen und vierteln, 150 ml Wasser in einem Topf aufkochen, salzen und die Kartoffeln darin in ca. 10–15 Minuten weich garen. Inzwischen die Karotten schälen und fein reiben (bei größeren Kindern können Sie die Karotten auch gröber raspeln).

2 Den Backofen auf 200 °C vorheizen und ein Backblech mit Backpapier belegen. Die Kartoffeln samt Kochflüssigkeit mit einem Kartoffelstampfer stampfen (je nach Alter der Kinder können auch noch kleinere Kartoffelstückchen erhalten bleiben) und mit den Karotten, Gouda, Ei und Olivenöl mischen. Mit Muskatnuss, Salz und Pfeffer nach Belieben würzen.

3 Aus der Masse mit einem Esslöffel Portionen (etwa tischtennisballgroß) abstechen und gleichmäßige kleine Küchlein formen. Auf das Backblech legen und im heißen Ofen 20–25 Minuten goldgelb backen.

TIPP

Statt Kartoffeln kann auch Blumenkohl verwendet werden. Dann allerdings 1 kleinen Blumenkohl in Röschen bissfest garen und mit 4 EL gemahlenen Nüssen, 100 g geriebenem Gouda, 1 TL Olivenöl und Gewürzen wie oben mischen, zu Küchlein formen und im Backofen backen.

Ohne Ei auch für kleine Breiverweigerer eine prima (Zwischen-)Mahlzeit. Hierfür erst mal weniger Kochflüssigkeit verwenden und bei Bedarf nach und nach mehr zugeben.

ZUTATEN

500 g Kartoffeln (mehlig kochend)

2 kleine Karotten

3 EL geriebenen Gouda

1 kleines Ei

1 TL Olivenöl

frisch geriebene Muskatnuss

Salz

Pfeffer nach Belieben

ÜBER DIE AUTORIN DAGMAR REICHEL

Dagmar Reichel ist Mutter von zwei Kindern und kann die Rezepte und Tipps gerade am eigenen Leib testen, da Sie selbst gerade im letzten Drittel ihrer dritten Schwangerschaft steckt. Sie ist Oecotrophologin und gibt Ihr Fachwissen und Ihre praktischen Erfahrungen als Mutter gerne in ihren Büchern weiter. Vor allem schätzt sie eine abwechslungsreiche, alltagstaugliche Ernährung für die ganze Familie und dabei die gemeinsamen Mahlzeiten. Sie arbeitet als freie Autorin, Lektorin und Foodstylistin in den Bereichen Ernährung, Gesundheit und Genuss.

DANKE

Danke an alle, die mich während der intensiven Doppel-Phase des Buchschreibens und der Schwangerschaft unterstützt und mir den Rücken frei gehalten haben. Ganz besonders meinem Mann und meinen beiden Kindern.

ÜBER DIE FOODFOTOGRAFIN STEFANIE HIEKMANN

Stefanie Hiekmann ist Foodfotografin und Foodbloggerin aus Leidenschaft und bereits seit Kindheitstagen in der Küche kreativ. Auf ihrem Foodblog schmecktwohl.de stellt die Osnabrückerin seit 2014 regelmäßig eigene Rezeptkreationen, Foodfotografien und Geschichten aus dem kulinarischen Themenressort vor. Eine gesunde, abwechslungsreiche und saisonale Ernährung mit immer wieder neuen Geschmackskombinationen zieht sich wie ein roter Faden durch ihren Blog. Wer sich durch das Rezeptarchiv klickt, sieht schnell, dass pfiffige und abwechslungsreiche Rezepte nicht zwangsläufig aufwändig sein müssen. Leckere, selbst gemachte Küche lässt sich auch im Alltag realisieren und natürlich auch hübsch serviert auf den Tisch bringen.

DANKE

Herzlicher Dank geht an die Firmen Villeroy & Boch und Rosenthal sowie an die Keramikmanufaktur Keramik 3punktf für die Unterstützung mit Requisiten für die Foodfotografien in diesem Buch.

Und ein besonders herzliches Dankeschön
an unsere Models Bela, Charlotte und Bianca!

QUELLEN UND ADRESSEN

DIE WEITERHELFEN

Elmadfa/Leitzmann: Ernährung des Menschen

Kasper, Urban & Fischer: Ernährungsmedizin und Diätetik

aid infodienst (Broschüren und Handlungsempfehlungen)
www.aid.de

aid verbraucherseite
www.was-wir-essen.de

Bundesinstitut für Risikobewertung
www.bfr.bund.de

Bundesministerium für Ernährung und Landwirtschaft
www.bmel.de

Deutsche Gesellschaft für Ernährung (D-A-CH-Werte)
www.dge.de

Forschungsinstitut für Kinderernährung
www.fke-do.de

La Leche Liga Deutschland e.V.
www.lalecheliga.de

Qualitätssiegel Marine Stewardship Council
www.msc.org

Nationale Stillkommission
www.bfr.bund.de/de/nationale_stillkommission-2404.html

Stillinformationen von Deutsche Liga für das Kind
und Stillkommission
www.stillen-info.de

IMPRESSUM

Bibliografische Information der Deutschen Bibliothek.

Die Deutsche Bibliothek verzeichnet diese Publikation in der deutschen Nationalbibliografie.

Detaillierte bibliografische Daten sind im Internet über http://www.d-nb.de/ abrufbar.

Ein Buch der Edition Michael Fischer

1. Auflage 2015

Redaktion und Lektorat: Heike Fröhlich
Layout: Verena Raith
Coverfoto: Silke Weinsheimer
Covergestaltung: Claudia Weyh
Satz: Daniel Besold

ISBN 978-3-86355-363-0

Printed in Slovakia

www.emf-verlag.de

BILDNACHWEIS

Susanne Bochem, Mainz: 2,3, 5, 8, 9, 13 oben, 15 oben, 17, 19, 24, 25, 29 oben, 31 oben, 33, 37 oben, 39, 42, 43, 55, 62, 65 oben, 74, 75, 77, 96, 97, 99 oben rechts, unten links, 102, 104, 105, 107, 113, 115, 121, 127, 129, 133, 139, 143, 144

Michael Gründel, Osnabrück: 142 rechts

Stefanie Hiekmann, Osnabrück: 4, 18, 27, 35, 44, 46, 48, 50, 52, 54, 56, 58, 72, 76, 78, 80, 82, 84, 86, 88, 90, 95, 108, 110, 112, 114, 116, 118, 120, 122, 124, 126, 128, 130, 132, 134, 136, 138, 140

Silke Weinsheimer, Berlin: 1, 6, 22, 40, 92, 103

Dagmar Reichel, Freiburg: 142 links

shutterstock: 10: sarsmis, 13 unten: Africa Studio, 29 unten: Olarty, 31 unten: appi thompson, 37 unten: Subbotina Anna, 60: jfk image, 65 unten: Ipatov, 71: FamVeld, 99 unten rechts: Red pepper, 101: Mukhina Viktoriia, 106: Gayvoronskaya_Yana